浙江省
钱塘江文化
研究会

宋韵文化丛书

安蓉泉／著

往事光影

浙江工商大学出版社｜杭州

安蓉泉

二级教授，浙江省社科基金评审专家，浙江省宋韵文化研究传承中心专家委员，浙江省钱塘江文化研究会副会长，杭州市委党校教授，杭州市政府参事，杭州市咨询委委员。曾任杭州市委党史研究室主任，杭州职业技术学院党委书记。

总　序

胡　坚

　　宋代上承汉唐、下启明清，是中国古代文明最为辉煌的时期之一。宋代是中国历史上商品经济、文化教育、科技创新高度繁荣的时代。宋代崇尚思想自由，儒家学派百花齐放，出现程朱理学；科学技术发展取得划时代成就，中国的四大发明产生世界性影响，多领域出现科技革新；政治开明，对官僚的管理比较严格，没有出现严重的宦官专权和军阀割据，对外开放影响广远；经济繁荣，商品经济异常活跃，农业、手工业、商业等都取得长足进步；重视民生，民乱次数在中国历史上相对较少，规模也较小，百姓生活水平有较大提升，雅文化兴盛；城市化率比较高，人口增长迅速。

　　经济、社会的高度发达带来了文化的繁荣兴盛。兴于北宋、盛于南宋，绵延三百多年的宋代文化，把中华文明推到前所未有的高度，为人类文明进步做出了不可磨灭的贡献。浙江的文化积淀极为深厚。作为中华文明史上的璀璨明珠，宋韵文化是浙江最厚重的历史遗存、最鲜明的人文标识之一。宋韵文化是两宋文化中具有文化创造价值和历史进步意义的哲学思想、人文精神、价值理念、道德规范的集大成。什么是宋韵文化？宋韵文化不能简单地等同于宋代文化，而是从宋代文化中传承下来的，经过历史扬弃的，具有当代价值和独特风韵的文化现象，包括思想理念、精神气节、文学艺术、雅致生活、民俗风情等。具体来说，宋韵文化见之于学术思想的思辨之韵、文学艺术的审美之韵、发现发明的智识之韵、生产技术的匠心之韵、社会治理的秩序之韵、日常生活的器物之韵，集中反映了两宋时期卓越非凡的历史智慧、鼎盛辉煌的创新创造、意韵丰盈的志趣指归和开放包容的社会风貌，跳跃律动着中华民族一脉相承的精神追求、精神特质、精神脉络，是中华优秀传统文化的重要组成部分和具有中国气派、浙江辨识度的典型文化标识。

当前，我们对中华传统文化，要坚持古为今用、推陈出新，继承和弘扬其中的优秀成分。要建立具有中国特色、中国风格、中国气派的文明研究学科体系、学术体系、话语体系，为人类文明新形态实践提供有力的理论支撑。要以礼敬自豪、科学理性的态度保护和传承宋韵文化，辩证取舍、固本拓新，使其具有重大而深远的历史意义和时代价值。为此，浙江提出实施"宋韵文化传世工程"，形成宋韵文化挖掘、保护、研究、提升、传承的工作体系，高水平推进宋韵文化创造性转化、创新性发展，让千年宋韵在新时代"流动"起来、"传承"下去，形成展示"重要窗口"独特韵味、文化浙江建设成果的鲜明标识。

根据"宋韵文化传世工程"部署，浙江将围绕思想、制度、经济、社会、百姓生活、文学艺术、建筑、宗教等八大形态，系统研究宋韵文化的精神内核、文化内涵、地域特色、形态特征、历史意义、时代价值、传承创新，构建体系完整、门类齐全、研究深入、阐释权威的宋韵文化研究体系，推进宋韵文化文献资料的整理与研究，打造宋韵文化研究展示平台。深化宋韵大遗址考古发掘、保护、利用，构建宋韵文化遗址全域保护格局，让宋韵文化可知、可触、可感，为宋韵文化传承展示提供史实依据。推进宋韵重大遗址考古发掘，加强宋韵遗址综合保护，提升大遗址展示利用水平。以数字化手段赋能宋韵文化传承弘扬，全面构建宋韵文化数字化保护、管理、研究、展示、衍生体系，打造宋韵文化遗存立体化呈现系统，实现宋韵文化数字化再造，让千年宋韵在数字世界中"活"起来。加强宋韵文化数字化保护，打造数字宋韵活化展示场景，构筑宋韵数字服务衍生架构。坚持突出特色与融合发展相协调，围绕"深化、转化、活化、品牌化"的逻辑链条，深入挖掘宋韵文化元素，加强宋韵文化标识建设，打造系列宋韵文化标识，塑造以宋韵演艺、宋韵活动、宋韵文创等为支撑的"宋韵浙江"品牌，推动宋韵文化和品牌塑造的深度融合，提升宋韵文化辨识度，打造宋韵艺术精品、宋韵节庆品牌、宋韵文创品牌、宋韵文旅演艺品牌。深入挖掘、传承、弘扬宋韵文化基因，充分运用"文化＋"和"互联网＋"等创新形式，推进宋韵文化和旅游深度融合，进一步优化布局、完善结构、提升能级，把浙江建设成为国际知名的宋韵文化旅游目的地。优化宋韵文旅产业发展布局，建设高能级旅游景区集群，发展宋韵文旅惠民富民新模式。建设宋韵文化立体化传播渠道，构建宋韵文化系统化展示平台，完善宋韵文化国际化传播体系。统筹对内对外传播资源，深化全媒体融合传播，构建立体高效的传播网络，着力打造融通中外的新范畴、新表述，推动宋韵文化深入人心、走向世界，使浙江成为彰显宋韵文化、具有国内外影响力的展示窗口。

　　我们浙江省钱塘江文化研究会全体同人，积极响应浙江省委、省政府的号召，全身心投入宋韵文化的研究、转化和传播工作之中，撰写了许多论文和研究报告，广泛地深入浙江各地进行文化策划，推动宋韵文化提升城市品位，参与发展宋韵文化事业和文化产业，让宋韵文化全方位地融入百姓生活。

为了提升我们自己的思想水平和工作水平，同人们认真学习和研究宋韵文化，深入把握历史事件、精准挖掘历史故事、系统梳理思想脉络、着力研究相关课题，在此基础上，撰写了一系列通俗读物，以飨读者，为传播宋韵文化做出自己的贡献，于是就有了这套丛书。

这套丛书有以下几个特点：一是通俗性，以比较通俗的语言和明快的笔调撰写宋韵文化有关主题，切实增强丛书的可读性；二是准确性，以基本的宋韵史料为基础，力求比较准确地传达宋韵文化的内容；三是时代性，坚持古为今用，把宋韵文化与当下的现实应用紧密地结合起来，能够跳出宋韵看宋韵，让宋韵文化为当下的经济社会发展和百姓生活服务；四是实用性，丛书中有许多可以借鉴的思想理念和可供操作的方法途径，可以直接应用于文化事业和文化产业。

限于我们的研究深度与水平，丛书中一定有不少谬误，敬请读者批评指正。

2022 年 8 月 15 日

（作者系浙江省钱塘江文化研究会会长、浙江省宋韵文化研究传承中心专家咨询委员会召集人）

目　录

第一篇

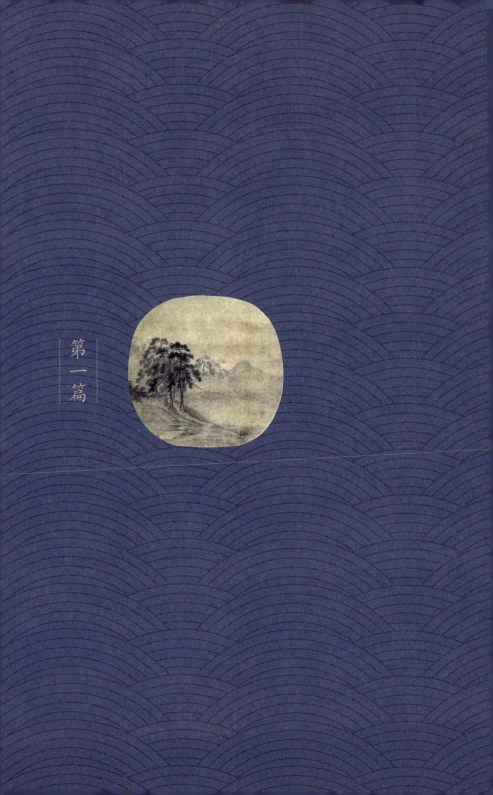

理政思维

在五代纷乱中建立的北宋，根基浅薄，百废待兴。赵宋王朝，在中国古代各主要王朝里，是疆域面积最小的。北宋时期，北方有契丹、党项、女真、蒙古等政权与宋并存，宋廷备受侵扰；南宋更是偏安一隅，以淮河—大散关一线作为宋金边界了。为了求富求强，宋廷在经济、政治、文化和社会领域，不拘旧制，变法革新。在宋代君臣的治国理政实践中，我们可以领会到执政思考，体察到图强思维，感受到理性光辉。

和谐共事两君臣

　　老话"伴君如伴虎""下轻上重，其覆必易"等，都是在说君臣相处之难。但在"君臣共治"的时代背景下，宋代却产生了中国历史上值得称道的君臣关系。比如：宋真宗看到吕端来朝，总要起身行礼；吕端太胖上朝不方便，真宗让人把所有台阶降低，方便吕端登临。再如：宋仁宗应张贵妃要求提拔张尧佐，包拯坚决反对，反复劝说达数百言，还因激愤竟把唾沫溅到了仁宗脸上；仁宗忍住退朝，到了张贵妃面前才举袖拭面，责怪她不该为张尧佐说情……

　　在宋代的君臣中，有两对历史评价最高。

　　第一对君臣，是开国皇帝赵匡胤和两朝宰相赵普。

　　在北宋建立之前，赵普是后周殿前都点检赵匡胤的军事参谋，为赵匡胤效力。有一次，周世宗用兵淮上，赵匡胤攻下了滁州（今安徽滁州），抓到一百多个散兵乡民，准备作为匪盗统统杀掉。赵普阻拦道："还没审问明白，怎么就统统斩首呢？"赵匡胤笑道："书生之见！这些人都已是我的俘虏，要杀便杀，何须审问！"赵普坚持说："百姓无辜，明公素有大志，请三思而行。"赵匡胤便让赵普审问。赵普亲自审问后，做了分类，把真正的盗匪治罪，普通百姓全部释放。很多家庭得以团聚，滁州百姓交口称赞赵匡胤的贤明。赵匡胤心有所悟，更加重视赵普的意见了。

正在此时，赵匡胤的父亲赵弘殷也来到滁州。父子团聚不久，赵弘殷突然一病不起。在征战节骨眼儿上，周世宗命赵匡胤领兵到六合，兼援扬州。一边是君命难违，一边是亲情难舍，赵匡胤有些犯难。赵普善解人意，见事做事，侍汤送药，并劝赵匡胤："上命不可违，请君即日出兵。尊翁病体，我可代尽子职。"赵匡胤很是感激。赵普说："你我都是赵姓，君父即我父，放心去吧。"从此，他以近臣印象进入赵匡胤视野。

宋朝建国的第一年（建隆元年，960），就发生了李筠和李重进的反叛。讨平反叛后，赵匡胤问："自唐末以来，换了八姓帝王，经历了二十多位皇帝，争战不息，生灵涂炭，是为什么？我想休罢天下之兵，建设长治久安的兴盛国家，该怎么办？"赵普说："这没有别的缘故，只不过各藩镇节度使权力太大，君弱臣强而已。现在要想改变这种局面，也用不着什么奇计妙招，只要慢慢削弱他们的权力，控制他们的财权，把他们掌握的兵力收归朝廷，就天下自安。"太祖认为有理。不久，赵普对宋太祖说："大将石守信、王审琦权力太大，尽早调离为宜。"太祖说："二人都是我的兄弟，一起出生入死多年，情同手足，不会负我。"赵普回道："我不是担心他们本人，但二人统军才能有限，不太管得住部下，如果军中有人挟私拥他们做皇帝，他们就身不由己了。您当年不也如此吗？"一番话促成宋太祖下定决心，以"杯酒释兵权"方式拿走了石守信、王审琦等大将的兵权。

宋太祖建立宋朝初期，留用了前朝宰相范质、王溥、魏仁浦等人，地位不变。宋太祖对范质等人礼遇有加，但范质等人多次"上表求退"。宋太祖同意后的第三天，便任命枢密使赵普为门下侍郎、平章事、集贤殿大学士，出任宰相。赵普却提出他出任宰相的文件没有宰相签字，不合适。宋太祖说："卿只管把文件拿来，朕给你签。"赵普坚持说："这是职能部门的责任，不是皇帝做的事。"按照唐朝惯例，皇帝发布任命宰相的"敕书"，须由宰相"副署"，即在皇帝签字后宰相再签，才能生效，否则违制。可这时范质等前任宰相已经卸任。宋太祖只好专门召来翰林学士承旨、礼部尚书陶谷和翰林学士窦仪，让二人根据惯例想想办法。最后以皇弟赵光（匡）义任开封府尹、同平章事（相当于宰相之职）的名义，请赵光义代为签发文件，赵普这才心安理得地按照"程序"走马上任。

赵普武不能领兵打仗，文只是粗通笔墨，但赵匡胤和他始终保持着亲密关系。一个大雪天，太祖去赵普家中探望，君臣围坐在堂屋里烤肉喝酒，商量"先南后北"统一中国的大事。见到赵普妻子，赵匡胤直呼为"嫂夫人"，全然没有君王架子。

赵普出任宰相后，有一位官员本该升职，但宋太祖不喜欢这人，不想提拔他。赵普坚持应该提拔，太祖生气了："我就不提拔他，你有啥办法？"赵普也不相让："罚罪酬功是古今通理，何况奖罚是国家之事，不是陛下个人之事，岂能因个人好恶独断专行？"宋太祖更加生气，抽身就走，赵普追到后宫，进不去了，就站在宫门口静静地等着，站了很久。宋太祖终于

图1-1　《沙汀烟树图》　〔宋〕惠崇　（辽宁省博物馆藏）

感到自己有点过分，同意其意见并提拔了这位官员。

　　赵普三任北宋宰相，直到992年在洛阳去世。这时皇帝已经是赵匡胤的弟弟宋太宗赵光义。他听到消息后非常难过，对身边的大臣说："赵普跟随和辅佐先帝，和我也情同手足。他办事果断，能决断大事。我继位后，待他礼遇厚重，他也倾尽全力为国尽忠，是真正的栋梁之材、社稷之臣啊！"言毕痛哭流涕，大臣们也都为之动容。

宋代另一对和谐共事的君臣，是改革皇帝宋神宗与变法宰相王安石。

宋神宗还在做皇子之时，曾在皇宫档案里看到过王安石写给仁宗和英宗的奏折，对王安石的才华和报国之志，留下了深刻印象。

神宗继位后，面临的是北方游牧民族政权崛起，国库财政入不敷出，百姓不满高利贷盘剥和赋税徭役的内外交困局面。神宗不得不思考变法图强的举措。他曾问宰相文彦博富国强兵之路，没有得到满意答复。他问宰相富弼有关国防的问题，这位三朝老臣只提醒皇上"愿二十年口不言兵"，也让力图成就大业的年轻天子感到失望。他开始在士大夫中间，寻找志同道合的股肱之臣，王安石就在这时进入了他的视野。

神宗先下诏任命王安石知江宁府，几个月后又召为翰林学士兼侍讲，把王安石召到京城详谈。第一次会面，两人就一见如故，相谈甚欢，竟错过了吃饭时间。宋神宗感觉此人和自己的政治理念十分接近，认定王安石是能帮自己实现宏图大业的人。

第二年二月，王安石出任参知政事，一年后升任宰相。王安石从进入朝廷中枢起，就开始设计和实施思考已久的变法之路。在富国方面，是通过向农民发放低息贷款、实行以钱代役制度、政府参与商贸活动等手段，增加政府收入，并限制大地主大商人势力的过度膨胀。至于强兵，王安石通过精简军队、固定将兵、保甲为兵、创设武学、设军器监等，努力提高宋朝军队的战斗力。全面推进的国家治理改革，使宋朝中央经济实力和国防力量得到明显增强。

王安石大力推行的新法,遭到不少大臣的激烈反对。宋神宗为保护王安石,曾对反对者说:"这些事是我决定的,与介甫(王安石)无关。"王安石被反对派逼得多次提出辞去官职,宋神宗亲自给王安石写信道歉,真诚挽留,并不断将反对派赶出朝廷。

王安石担任参知政事(副宰相)主持变法时,当时有五人共同为相,分别是富弼、曾公亮、唐介、赵抃和王安石。京城人称为"生老病死苦":"生"指王安石锐意改革,生机勃勃;"老"指曾公亮风烛残年,老态龙钟;"病"指富弼议政不合,称病求退;"死"指唐介慷慨争辩,疽发而亡;"苦"指赵抃无力回天,苦不堪言。这五人"生老病死苦"的谑语,一定程度上也说明了当时宋神宗对王安石的特殊信任。宰相曾公亮曾对反对变法的人说:"上与介甫如一人,此乃天也。"

上下关系因经历、性格、权位、视角和目标的不同,本身就不容易维系。封建王朝的君臣,相交就更难。宋代这两对史上评价很高的君臣,可以给人一些回味——

政治目标一致,是上下关系的根本维系力量。宋初立朝未稳需要护佑江山与后来内忧外患急需变法图强,分别成为两对君臣的合作背景和共同目标。愿望和目标一致,容易产生大体相当、互相补充的治国理政思路,就有可能做到心无旁骛、排除万难去确定治国方略,也能在互相依赖、互相体谅中成为互为支撑的力量。赵普不仅在削弱兵权、"先南后北"、一统天下等一系列大事上,和赵匡胤想到了一起,参与了共同谋划,而且平时在和赵匡胤的闲聊中，也常常让赵匡胤心生感慨。《宋史》记载"太祖尝与语，奇之"，可见赵匡胤将赵普看成治国理政的奇才。王安石的政治理想，是辅佐出像尧舜那样的千古明君；宋神宗也有做一个留下千秋伟业圣主的政治抱负。王安石在改革大业上和在生活细节方面，都努力辅佐宋神宗。他做宰相后给神宗写了一道奏章，里面说："然孔子圣人之盛，尚自以为七十而后敢从心所欲也。今陛下以鼎盛之春秋，而享天下之大奉，所以惑移耳目者为不少矣，则臣之所豫虑，而陛下之所深戒，宜在于此。"他不仅对年富力强的宋神宗给予极大激励，也提出了自己的担心和告诫。——没有一种共同理想和目标，不可能达到这样的坦诚相见。

特殊的经历，可以成为互相信任、彼此宽容的心理依托。世界上没有无缘无故的爱。赵普不仅和赵匡胤是故交，还是一手帮他"黄袍加身""杯酒释兵权"的幕后推手，互相之间的感情和信任度，自然不是一般关系可以比拟。神宗出身宗室旁支，少年时代没有受到过宫中各种烦琐约束，个性有了较多释放，内外危机又激发了他锐意改革的精神；王安石饱读史书，心怀大志，在那个年代竟然直言"有合吾心者，则樵牧之言犹不废；言而无理，周、孔不敢从"，这样不受拘束、锐意革新的个性，加上他怀揣变法理想又有基层治理经验，自然和神宗的改革需求一拍即合。

君仁臣忠、臣谏君容的风范，是和谐成事的素养支撑。赵匡胤在与赵普共事的过程中，也对赵普的某些做派很头疼。但赵普的一心一意、忠心耿耿，让他一忍再忍，待之宽厚仁慈，忍无可忍之时棍棒高高举起，又轻轻放下。王安石和宋神宗在变法的措施、节奏和用人安排上也有不同看法，王安石总是不厌其烦地坦陈利弊，努力说服神宗；神宗在对有些举措保留看法的同时，尽量从鼓励王安石留任、争取完成未竟事业的角度，包容并替他"挡驾"了很多反对的声音。两个脑袋想的不可能完全一样，史书关于他们君臣关系亲密程度的描写，也多少有夸张的成分，但君仁臣忠、臣谏君容的个人素养，在很大程度上成为他们和谐治政的润滑剂。

然而，在古代君臣共事过程中，因地位、格局的差异，摩擦很难完全避免，积累得多了，就会导致皇帝权衡利弊，甚至忍痛"罢相"。

赵普协助赵匡胤坐稳江山，自己成了地位显赫的宰相后，功劳包袱和亲密关系，也诱使他不断"任性"起来。私自和外国交往是大忌，赵普却敢收下吴越王钱俶十瓶瓜子金，还大大咧咧放在堂屋里，被来"串门"的赵匡胤撞见；宋朝规定宰辅大臣之间不得通婚（以防架空皇权），赵普却和枢密使李崇矩结成儿女亲家；国家禁止私贩木材、私购土地，赵普却私买木材和土地扩充房产……赵匡胤格局大、念旧情，最后安排赵普去当了河阳节度使、检校太傅、同平章事，削减了他的权力。赵普在宋太宗赵光义登基后，只被任命为太子少保、太子太保等闲职，明显失势了。

而对于宋神宗和王安石，在用人是否贯彻"异论相搅"精神、对待豪强兼并的态度、用兵农合一的保甲制替代募兵制、更改"将从中御"的治军家法等问题上，宋神宗没有完全同意和支持王安石的主张，尤其是当相权对君权干涉太多、祖宗家法受到威

图1-2　《雪堂客话图》　〔宋〕夏圭　（故宫博物院藏）

胁时，神宗从疑虑到权衡，直至叫停了一些改革。由于变法暴露出的问题逐渐显现，又触犯到不少人的利益，反对的声音越来越大，加上天下大旱，百姓生活困难，反对变法的大臣纷纷上书弹劾王安石，使其先后两次离开相位。元丰八年（1085），为富国强兵操劳了十八年的宋神宗赵顼病逝，他所向往的与唐太宗比肩的伟大功业终未完成。王安石听到噩耗伤心过度，一年多后也病逝于金陵。这一对君臣病逝四十年后，北宋灭亡。

用心做事低调做人的曹彬

北宋王朝，是在赵匡胤陈桥兵变、"半推半就"中揭开帷幕的。文武大臣之间，特别是皇帝和大臣之间，关系微妙，各有顾忌，倒也磨合出了一段值得回味和赞赏的上下关系。

时下一些管理学讲座，在分析上下关系以利做事时，总教人们要对上司"勤汇报"，"该出手时就出手"，通过给领导及时传递信息，提高"感情分"和"认同感"。但凡事都有例外，要看情况，分场合。

宋仁宗曹皇后的祖父曹彬，是北宋开国名将。他对宋太祖赵匡胤若即若离，但深得信任。

赵匡胤黄袍加身后，对拥兵自重的部下心有忌惮，怕有人模仿自己篡夺皇位，就通过"杯酒释兵权"的方式，把拥立他做皇帝的武将们打发回家养老了。殷鉴不远，出身周太祖近亲，后来替赵匡胤掌握兵权的大将曹彬，深谙"伴君如伴虎"的道理。

建隆二年（961），曹彬应诏还朝。太祖赵匡胤见到他冲口说道："平时我常想和你多聊聊，你怎么总像是在躲着我？"曹彬似乎早有准备，叩头谢罪道："我是周室近亲，又受您信任掌军中要职，端正做官、力避过失为要，哪还敢轻率拜见结交？"这个朴实的回答，既为自己解了围，也使太祖对他放心和更加信任。

　　曹彬说的"结交"，其实是个双关语。他是前皇室近亲，又手握兵权，必然是皇上既倚重又防范之人。他头脑清醒，不偏不倚，无公事从不登门拜见皇上。群臣宴请聚会，也很少参与。这样就没了闲言碎语，没了结党营私、拥兵自重之嫌，反而更得太祖器重。

　　其实，曹彬不卑不亢的行事风格由来已久。司马光的《涑水记闻》中记载过一件事：赵匡胤还是后周大将时，曹彬在皇帝身边掌管茶酒。有一天，手握兵权、人人敬畏的禁军大将赵匡胤向曹彬讨酒喝，曹彬坦言："这是公家的酒，不能给你。"

图1-3　《溪桥归骑图》　〔宋〕佚名　（上海博物馆藏）

赵匡胤做皇帝后，对群臣回忆起这件事时感叹："周世宗的部下中忠诚其主人的，唯有曹彬啊！"言语中，透出对曹彬的欣赏和敬重。

这样的评价，固然和赵匡胤的贤明分不开，也要归因于曹彬的处事能力。人都是要面子的，将心比心，谁能保证曹彬断然拒绝大将赵匡胤时，所向披靡、无人能敌的赵大将军，能马上变得知书达理，有君子之风，一定就心无不快呢？

史载曹彬是正人君子，也是情商极高之人。他拒绝了赵匡胤的讨酒要求，做了忠臣应做的事后，转身又自己花钱买酒请赵匡胤喝了一顿。既没破坏规矩，避免了可能的后患，又不得罪赵匡胤，相反还增进了两人的关系。有人可能会觉得曹彬太会做人，其实，曹彬又不知赵匡胤后来会做皇帝，作为周世宗的近亲和近臣，能这般低调做事、友善待人，实在是一种做人境界。

乾德二年（964）冬，赵匡胤下令攻打后蜀，刘廷让为四川行营前军兵马副都部署，曹彬任都监。后蜀被灭后，四川行营前军兵马都部署王全斌等人昼夜狂欢宴饮，部下军纪松弛，肆意掠夺百姓财产。曹彬看不下去，多次请求班师，王全斌等人不听。不久后蜀残部组织怨恨已久的百姓再起作乱，又是曹彬和刘廷让大败敌军。归朝途中，诸将行囊中大都放满了金银玉帛，而曹彬的行囊中只有图书、衣物和被褥。

赵匡胤知道后，把王全斌等人送法司治罪，把清廉严谨的曹彬升任为宣徽南院使、义成军节度使。曹彬心有不安，认为上级王全斌的贪财滥杀，自己应该难逃干系，就朝见赵匡胤说：

"征西将士多被治罪，臣独受到赏赐，怕是得不到真正鼓励。"赵匡胤说："你立有大功，又不居功自傲。你如果得不到奖赏反而受到牵连，那王仁赡（也是灭蜀将领）等哪里还值得一提呢？我这是执行劝勉大臣效忠国家的惯例，不必推辞。"

不居功自傲，主动反思责任，这是一种冷静和胸怀，也是很强的自我要求。只有超越自身名利的人，才能做到如此理性平和。作为部下的曹彬如此谦恭正派，皇上不仅会为其道德人格击掌，也会对这样的部下更加信任。

开宝七年（974）十二月，曹彬奉诏率宋军攻打南唐。南唐后主李煜派人乞求缓师停战，赵匡胤不同意。曹彬带部队攻到城下后，停止进攻，想等李煜自动投降。见李煜没有动静，曹彬还想给他机会，就派人去劝李煜："事势已经如此，可惜了一城生民百姓，归顺大宋，才是上策啊！"因没回音，在即将攻打金陵城时，曹彬突然称病不理军务了。众将领赶来探望，曹彬说："我的病不是药能治好的，唯有各位真诚发誓，攻下金陵城后不妄杀一人，病才会自动痊愈。"众将答应并焚香为誓。过了一天，金陵城被攻陷。李煜和大臣们到军营请罪，曹彬用贵宾礼仪接待，李煜君臣和一城百姓得到保全。他班师回朝入宫朝见皇帝时，名帖上自称"奉敕差往江南勾当公事回"。

曹彬想尽办法弭兵休战，阻止滥杀，保护劳力和民生，这样可以为朝廷赢得仁义之师形象；收复南唐如此大事，被曹彬低调说成"奉旨到江南办事回来"，实在是一般人难以做到的。史书记载，宋太祖曾经许诺，灭南唐后提拔曹彬为使相。攻下金陵后部下预先向他祝贺，曹彬却说："这次胜利仰仗天威，

图1-4　《溪山清远图》（局部）　〔宋〕夏圭　（台北"故宫博物院"藏）

何况北汉尚未平定呢！"班师庆功时，太祖果然说北汉未灭，使相之事再等等。曹彬早有思想准备，心态自然平和。

作为典型的官二代，曹彬从小不缺钱财，常见高官，不比有些家庭的孩子，容易对那些东西如饥似渴；加上他对官场风云耳濡目染，心知肚明，深谙伴君之道，因此做人格局大，想得远，得到后周君主和宋朝太祖、太宗、真宗三朝皇帝信任。《涑水记闻》记载，曹彬病重时真宗亲自前往探望，问他对身后事有什么要求。一生克己谦恭的曹彬未提任何要求。宋真宗不忍心，再次征询这位忠心耿耿的三朝老臣的意见，曹彬才举贤不避亲，说两个儿子曹璨、曹玮可以为将。曹氏一代良将陨落之日，成为后辈登上历史舞台之时——宋朝末年确定的昭勋阁二十四功臣中，重文抑武国策使文臣占了十九席，武将仅有五席。五席中竟有一家占去两席，这就是曹彬、曹玮父子俩。

如果不是一生克勤克俭、处事公正，如果没有言传身教、家风浩荡，就不会有临终时的"举贤不避亲"，曹氏能不能成为声名远播的"宋代第一家族"，曹家后代在两宋能不能那样作用突出、绵延不断，就难说了。

宋孝宗"勤政"带来的遗憾

宋孝宗赵昚，被后世认为是南宋最有作为的一位皇帝，他的业绩史称"乾淳之治"。从他在接受高宗赵构禅位的第二个月，就为岳飞及被赵构贬黜的主战派官员平反、重启张浚入朝商议隆兴北伐等事上，就可知这是位心怀大志、敢于"碰硬"的皇帝。可惜的是，以夙兴夜寐、勤政尽职著称的宋孝宗，有些事情也坏在了他的"勤政"上。

高宗主政时的南宋财政，一直紧巴巴的。孝宗上任后不仅带头节俭，尽量少花钱，还常把分管财政的官员找来查账。为改变民贫国弱局面，他对农业生产十分关心，每年都亲自过问地方收成情况，对新的农作物品种也很关注。一次，范成大进呈一种叫"劫麦"的新品种。孝宗命人先在御苑试种，亲见穗实饱满后，才允许在江淮各地大面积推广。

史书记载，宋孝宗在位的二十八年中，先后有十七人出任宰相，参知政事（副宰相）有三十四人之多。频繁更换宰臣，是宋孝宗吸取前朝秦桧弄权教训，为避免宰相掌权一久形成"势力"采取的做法。当然这也和赵构背后干政有关：孝宗因太上皇赵构揽权，缺乏皇帝独尊地位。大臣们见一些朝政须由太上

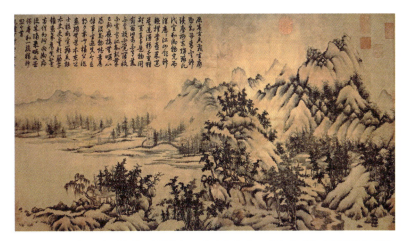

图1-5　《千里江山图》（局部）　〔宋〕江参　（台北"故宫博物院"藏）

皇决断，行为中难免流露对孝宗的轻慢，这加剧了孝宗为保权威的敏感和对大臣的不信任。

　　孝宗曾下大力提高军队战斗力。从乾道二年（1166）到乾道六年，他先后进行了三次大规模的阅兵活动，以鼓舞士气，振奋民心。除亲自检阅军队外，孝宗还破格提拔练兵成绩突出的将佐，规定各地驻军每年春、秋集中演练，犒赏武艺超群的士兵。他还整顿了中央禁军，恢复淮东抗金民兵万弩手，大大提高了军事实力。

　　尽管如此，随着张浚、吴璘等主战派相继去世，南宋能积极统兵打仗的大臣越来越少。中书舍人虞允文，是位出将入相、能文能武的帅才。采石一战，他力挽狂澜，大败金军，挽救了南宋政权，在军中威望甚高。乾道三年（1167），孝宗任命他为知枢密院事，接替吴璘出任四川宣抚使。

　　虞允文虽是北伐坚定的支持者，并在四川发展经济，抓紧练兵，为出兵川陕再次北伐做准备，但他其实顾虑重重。首先，孝宗在"隆兴和议"签订前后，对和、战的态度多次摇摆，最后在赵构和主和派大臣压力下，违心接受了屈辱和约。虞允文对此如骨鲠在喉，担心再次北伐后，一旦孝宗态度转变，自己骑虎难下。其次，看到孝宗不断提拔重用曾觌、龙大渊等奸佞宠臣，虞允文内心不安——万一北伐不利，自己势必遭到朝野上下围攻，甚至会有杀身之祸。此外，虞允文还在四川任上时，孝宗任命主和派梁克家为宰相，形成了用主和派宰相牵制领兵将帅的格局，更增强了虞允文的担忧。

　　乾道八年（1172）九月，虞允文辞去相位出任四川宣抚使。临行之时，孝宗要求他到四川后立刻出兵，与江淮军队会师于河南。虞允文坦言："我担心陛下届时未必能够配合。"孝宗当即表示："如果你出兵而朕犹豫，就是朕有负于你；如果朕已举兵而你不率兵行动，就是你有负于朕！"孝宗一时的慷慨陈词，没有打消虞允文积蓄已久的顾虑。他在四川虽积极备战，却一直按兵不动。乾道九年（1173）十月，孝宗手诏虞允文催促出师，虞允文仍以"军需未备"为由，要孝宗"待时而动"，婉拒了皇帝命令。直至次年在操劳和纠结中去世，虞允文未发一兵一卒，使孝宗恢复中原的梦想终于落空。

　　前朝教训要记，防人之心应有，大臣不力该换，勤政尽责可嘉。只是，孝宗这位南宋时期北伐意志最坚定的皇帝，勤勉一生，劳心劳力，却忽略了为政者的关键，是一切以赢取人心、不失人心为要——

　　宋孝宗高度集权、亲力亲为的做法，使他实际上失去了"左膀右臂"，如他自言"胸中每日走天下一遍"，每天日落后都要反复思虑当天政事，唯恐朝政有失；表面上看是宰相们不得力，实在也是因为大臣们不敢、不便多言，也就不愿多操心尽力了。结果是孝宗十分辛苦，同时，由于过度自信、过分疲劳，孝宗总是顾此失彼，轻率做出一些未经深思熟虑的决策，稍有挫折又朝令夕改。

　　深究下去，孝宗信任身边宠臣，甚至不惜得罪朝中文臣武将，说到底是宠臣让他个人的权威欲望得到满足；他事必躬亲，"不以责任臣下"，仅令宰相奉行文书，也是在用"压下"的方式，显示自己勉强"高出"的权威。

　　进而言之，亲力亲为只是一种表象，对部下不信任的实质，其实是缺乏驾驭大臣的自信，是宁失国家权益也要个人权威的自大。最后弄得文臣"不敢谏"，武将"不敢战"，且原因都是对皇上的忌惮，实在令人叹息。

图1-6 《货郎图》 〔宋〕李嵩 （故宫博物院藏）

孝宗在朝"有恢复之君，无恢复之臣"的说法，在史学界已成公论。这其实是用道德形象取代执政能力。张浚、吴璘、虞允文等不是恢复之臣？本有的北伐将才尚不能发挥作为，哪里还会有收复中原将才成长的土壤呢？

一个人精力有限，过于关注细节，对大局谋划的精力就不足。一个人能力有限，不信任人甚至醉心于设置内部障碍，必定难成大事。孝宗的"勤政"，没有给人们带来多少为政启示，倒是他"勤政"却无大的建树，收复中原终成泡影的结局，留给了后人更多思考。

宋仁宗留下的思想余韵

北宋皇帝赵祯，是中国第一个庙号为"仁"的君主。他待臣宽厚，爱民如子，仁德为纲，仁政为目。在位四十二年，励精图治，使北宋进入中国封建经济文化最为辉煌的时代。

史书记载的体现宋仁宗之仁慈、仁爱的故事很多。

一是虚怀纳谏。

仁宗宠爱的张贵妃多次央求，想让伯父张尧佐得到擢升。仁宗上朝提出让其任三司使，谏官包拯坚决反对，并且言辞激烈，把唾沫都喷到了皇帝脸上。下朝后张贵妃迎帝拜谢，仁宗这才"举袖拭面"，把包拯喷到脸上的唾沫擦去。没在第一时间擦去唾沫，表现了仁宗的宽厚，不愿当面让包拯难堪；当着贵妃面擦去唾沫，也是让宠妃得到安慰：不是朕不给力，口水为证，实在是阻力太大……

一次谏官王素听说王德用给仁宗送了两个美女，便直接找到赵祯，力劝皇帝远离女色。仁宗坦诚告之："近日确有美女进宫，我还比较中意，就让我留下吧。"王素说："臣今日进谏，就是担心陛下被女色所惑。"仁宗面有难色，沉思良久，终于下定决心，命令太监："那些新送来的女子，每人各赏钱三百贯，送她们出宫吧！办好后报我。"言毕竟泪水涟涟。王素看了过意不去，说："陛下不必如此匆忙。女子既已进宫，过段日子再遣她们走也不迟。"仁宗道："朕虽为君王，也和百姓一样重感情。她们留久了，朕会因生情更不忍送她们走了。"

图1-7　《清明上河图》（局部）　〔宋〕张择端　（故宫博物院藏）

有一次，仁宗退朝后头痒难耐，没脱龙袍就忙叫梳头太监过来伺候。太监见皇上怀中有一奏折，便问是什么奏折，仁宗坦言谏官建议减少宫中宫女和侍从。太监道："大臣家里都有众多侍从，陛下侍从并不多，还要建议削减，太过分了！"仁

宗未做回答。"这建议陛下准备采纳吗？"太监问。仁宗答：
"台谏之言，岂敢不行？"太监自恃宠爱，竟说："如果采纳，
请以奴才为削减第一人。"仁宗闻言起身呼唤主管，按名册将
宫中包括梳头太监在内的三十人打发出宫。事后皇后问："梳
头太监是陛下多年亲信，为何将他也削减？"仁宗道："他劝
我拒绝谏官忠言，我怎能将他留在身边？"

遇到逆耳忠言或阿谀谗言，仁宗不自以为是，不定于一尊，
而是遵从法典，反躬自问，止怒纳谏。

二是体恤下属。

有一天，仁宗醒来后对侍从说："昨晚肚子饿，睡不着，
想吃烧羊。"近侍问："陛下为何不命臣下去采办？"赵祯叹道：
"我一开口，臣下可能会以我的名义去搜求扰民，想想还是不
开口的好。"

一次用餐，仁宗正吃着，突然咬到了一粒石子，顿时痛得
满脸是汗，他赶紧吐出来，嘴巴半天不敢合拢。疼痛好点后，
仁宗不忘对陪侍的宫女说："刚才这事不要外传啊，这可是死
罪啊！"

有一年盛夏，在花园散步的仁宗口渴难忍，却一直没有开
口要茶。回宫后忙催着上茶。侍从看他渴成那样，问为何刚才
不在花园里要茶，仁宗答："一直没看到宫女准备的茶盏，如
我要茶宫女不能及时奉上，那管茶的宫女就要受罚了。我忍一
忍就是了。"

遇到侍从疏漏，仁宗先想到的不是自己的不适，而是下属
的不易和自己发话后下人可能招致的苦难，仁义之心，令人动容。

三是宽容文人。

北宋柳永写过一首《鹤冲天·黄金榜上》，抒发科举落榜后的郁闷："且恁偎红倚翠，风流事、平生畅。青春都一饷。忍把浮名，换了浅斟低唱。"不想这首美词很快流传开来。柳永第二次参加科考上榜后，看过他那首词的宋仁宗，见榜单上有柳永的名字，就说"且去浅斟低唱，何要浮名"，把他除名了，并在试卷上批了四个字："且去填词。"柳永无奈，就辗转于青楼酒肆之间，过着游荡和填词的生活，毫无顾忌地称自己是"奉旨填词柳三变"。讥讽仁宗的柳永，不但没被杀头，填词也没受任何影响，填得还更加放纵自如，柳永自然也就不再生仁宗的气了。他曾写下《倾杯乐·禁漏花深》一词，赞颂仁宗元宵节之夜与民同乐。其中"向晓色，都人未散。盈万井，山呼鳌抃。愿岁岁，天仗里，常瞻凤辇"这几句，是说天已快亮了，人们还没散去，满街都是观灯的人，他们向圣上高呼万岁，希望年年都能看到圣上的仪仗和风采。

仁德集聚人才，人才助推盛世。宋仁宗时期，他起用范仲淹、晏殊、王安石、富弼、韩琦、文彦博、包拯、杜衍一大批栋梁之材；唐宋八大家中的六位大文豪欧阳修、曾巩、苏洵、苏轼、苏辙、王安石等，都是在仁宗治下冒出来的；四大发明中活字印刷发明者毕昇，也出现在仁宗时代。

宋仁宗在多地兴办学校，发展恩荫制度。他待人宽厚，珍惜人才，对于直言的大臣虚怀若谷，多有自省。苏轼曾感叹："仁宗之世，号为多士，三世子孙，赖以为用。"由于有能人真诚辅佐，仁宗时期采取了一系列改革新政，经济、文化和科技得到了空前发展。他还力排众议，以金钱换和平，与夏和辽签订和约，维持了近百年的太平盛世。史料记载，仁宗去世时汴梁城罢市，大街小巷一片哭声，就连乞丐、孩童也为仁宗焚烧纸钱。讣告送到辽国，"燕境之人无远近皆哭"，连"虏主"也握住使者的手，号啕痛哭，说："四十二年不识兵革矣。"

中国人常说，"慈不掌兵"，"上司不狠，下属不强"，但又将古来汉昭帝轻徭薄赋、汉景帝废除酷刑、唐太宗虚心纳谏、清圣祖"永不加赋"等德政传颂至今。这里的"矛盾焦点"，看你站在什么"立场"说话。说"上司要狠"的，多半站在"管理者"的视角；念古来仁君的，多是"屋漏在上知之在下"的普罗大众。

宋仁宗是皇帝，身居万民之上，却以"仁"为纲，令万民景仰，并成为史学界最为人称道的圣主仁君。值得后人品味的是：

——仁宗既无太祖赵匡胤的雄才大略，也不像徽宗那样多才多艺。君主能有功名霸业，有艺术才华，百姓当然也认可，但远不及君仁臣忠、爱民如子的仁慈，更直击灵魂，深得人心。

——仁者人也，爱"人"说起来是人的本性。但爱贵妃、爱家丁、爱顺臣与其说是"仁"，不如说有"利"，这些人可都是"身边人"呀。爱部下，爱小民，爱异见者，没有仁义之心和仁德胸怀，很难做到。

——仁义表现为"爱人"，实质是"克己"。孔夫子"克己复礼为仁"的教诲，揭示出在权、势、名、利面前，首先不是"给人"多少，而是"自制"几何！几千年才出一个宋仁宗，说明反求诸己，说来容易，做到真难。

图1-8　《花篮图》（夏）　〔宋〕李嵩　（故宫博物院藏）

孔子之"仁"重在个人，主要是一种"仁德"思想；孟子则结合孔子思想，把"仁"从个人修养上升到治理国家高度，提出"仁政"理念，使儒家的"仁"实现了跃升。"以民为本"，"为政以德"，成为后世统治者几乎"曲不离口"的政治主张；听百姓呼声，让百姓富足，成为历朝历代领袖人物的重要理念。

不过，"理论是灰色的"。孟子的"仁政"思想，在中国历史上可以搜寻到些许案例，却鲜有完整而传续的经典实践。

近代西学东渐后，中国人接触到了一个影响力很大的"马基雅弗利主义"。意大利政治哲学家马基雅弗利在他的《君主论》中认为，共和制度无力消除四分五裂的局面，只有建立拥有无限权力的君主政体才能使臣民服从。他强调，为达目的不择手段的权术政治、残暴、狡诈、伪善、谎言和背信弃义等，只要有助于君主统治，就都是正当的。尽管这一思想在中国遭到了一些非议，《君主论》却也被很多人奉为经典。这让人不由得思忖："仁政"本来少有，权术司空见惯。孟子"仁政"的理想政治，会不会是一种过于天真的梦想？

稀有，但不是没有。宋仁宗特立独行、身体力行的"仁政"实践，是人类治国方式的一个样本，是中国古代理政的一种智慧，具有深远的政治哲学意义。它告诉人们——

不搞阴谋搞阳谋，不用权术用善心，表面上没有某些帝王般的威风凛凛，但也少了背后"骂娘"人，多了生前身后名。

不喜谗言喜谏言，不用压服用协商，好像没有显示出帝王"高人一等"的英明，却也少了盲目的一意孤行，多了从善如流的清醒，无须事必躬亲，自有贤达相助，这是一种高明的领导艺术。

不迁就也不苛责，不放任也不打压，虽然文人出言无状，会有些"杂音"，但也能彰显统治者的宽厚和调控艺术。少了管头管脚，多了放松自由，各种创新思维才会像雨后春笋，似百花齐放，如繁星满天……

仁宗的宽容大度、政通人和，是一种强烈的示范，使得那个时期形成了文人士子惺惺相惜、互敬互重、相互提携、举贤任能的政治风尚。晏殊、范仲淹、欧阳修、苏东坡等，都留下了对晚生后辈不遗余力提携的动人故事，留下了与学生子弟一起治国理政的历史佳话。

王安石的自信与自负

　　提到王安石，人们会马上想到和"青苗法"相关的变法，想到《登飞来峰》的"不畏浮云遮望眼，自缘身在最高层"。王安石的变法和诗文都是一流水准，会永远在中华历史上流传。而他理想高远却壮志未酬的一生，也让后人议论不休。

　　自信和自负，经常只隔着一层纸，看你站在这张纸的哪一边了。作为北宋年间最著名的宰相和对国家政治、朝廷秩序、民众生活影响极大的改革家，后人对他的褒贬扬抑，无不与他的自信或自负相关联。

　　王安石自小聪慧，博闻强识，受过良好教育。年轻时他跟随父亲宦游各地，接触社会现实，了解民间疾苦。二十一岁考中进士后做过节度判官、知县、通判、知州、提点刑狱等官职。年纪轻轻，就已阅历丰富。

　　嘉祐三年（1058），王安石进京述职，在长达万言的《上仁宗皇帝言事书》中，他总结自己多年的地方官经历，坦陈国家积弱积贫的症结，在于为政者不懂得法度，并提出了对国家制度进行全盘改革的主张。宋仁宗向来沉稳持重，没有采纳其变法主张。此后朝廷多次想委以重任，王安石都婉言谢绝。宋英宗继位后，又多次召王安石入朝任职，他还是以服丧和有病为由，婉拒了。

　　宋神宗继位后，为摆脱北宋面临的政治、经济危机，以及辽国、西夏的侵扰，在熙宁元年（1068）四月，召见了王安石。王安石鲜明提出了"治国之道，首先要确定革新方法"的改革观点，并列出了富国之法、强兵之法和取士之法的系统改革主张。神宗对王安石的想法大加赞赏，要求其尽心辅佐自己，完成富

图1-9　《松林亭子图》　〔宋〕马麟　（佛山市博物馆藏）

国强兵大业。

熙宁二年（1069），王安石升为参知政事，次年拜相，开始变法。

从熙宁三年（1070）拜相，到熙宁七年罢相，一年后神宗再次起用，很快又弃用，再到元祐元年（1086）新法彻底被废，王安石郁郁不乐，后病逝于钟山，他苦心设计、满怀期望的新法，终成泡影。

王安石的新法，起到了增加财政收入、补充军费开支、推动水利工程的作用，但因加重百姓负担、得罪财阀集团、得不到士大夫阶层理解而告终结。新法实施中的难题和不足，固然是造成失败的重要原因，但问题和不足得不到及时调整的背后原因，是王安石性格上高度自信的另一面，即过度自负清高。

王安石被时人戏称为"拗相公"。北宋邵伯温的《邵氏闻见录》记载：包拯时任开封群牧使，王安石是他的部下。一次同僚一起喝酒赏花，包拯喝得高兴，作为领导亲自向部下一一敬酒，司马光等人或一饮而尽，或尽力而为。到了王安石那里，他推说平时不喝酒，断然拒绝了上司。

针对王安石这种性格，年长的老乡晏殊曾特意设宴，一番勉励后道出"能容于物，物亦容矣"的善意劝说。王安石表面应承，其实很不以为然，直到罢相闲居金陵和弟弟谈及上述往事时，才心生悔意。欧阳修对王安石有过提携之恩，《宋史》记载在欧阳修致仕时，王安石竟批评欧阳修说："修附丽韩琦，以琦为社稷臣。如此人，在一郡则坏一郡，在朝廷则坏朝廷，留之安用？"此后二人不再来往。

图1-10 《耕获图》 传〔宋〕杨威 （故宫博物院藏）

王安石的新法试图对北宋原来的制度进行彻底革新。但理想化的改革设计，把自己放在了和民众、和满朝文武的对立面。新法推出后，同僚提出的不同意见和建议，王安石一概不理；神宗曾多次就变法出现的问题和王安石交换意见，王安石坚持强行推进，不做妥协调整。凡是对变法有妨碍和持不同政见者，王安石都强行清除。在新法开始的一个月内，王安石先后罢免了十四个御史，把反对变法的人不断排除出权力中心。

比如熙宁二年（1069）二月，在王安石拜为参知政事（副相）的前一天，曾举荐王安石为翰林学士、与范仲淹一起推动庆历改革的富弼，被宋神宗拜为首相。作为上级的富弼，在和王安石共事的九个月里，常以脚疾称病不肯上班。离开朝廷时神宗问富弼："卿去，谁可代卿？"富弼举荐文彦博。神宗默然良久，问："王安石怎样？"富弼默然。富弼被罢相后，王安石仍不满意，对神宗说："富弼虽被罢免，但还过着富足生活，这怎能威慑奸臣？"他认为这样处理没有将法治落到实处，"鲧因为违命而被杀头，共工因为奸恶而遭流放，富弼兼此二罪，却只被罢相！"必欲置之死地而后快。

梁启超曾把王安石比作中国的克伦威尔，并认为王安石变法"实国史上、世界史上最有名誉之社会革命"。列宁也盛赞王安石是"11世纪中国最伟大的改革家"。但王安石同时代和后代的很多人，赞同他政治主张的却不多。主要是因为新法在实施中，存在强迫摊派借贷、增加百姓负担、官僚体制掣肘等不少问题。这些问题，多数本可以通过调适加以缓解或消除，可惜问题作为不同意见提出后，都被王安石作为反对意见打压下去，结果导致不断树敌，本来与王安石关系不错的欧阳修、吕公著等人，后来也都站在了新法的对立面上。

王安石不仅有从政经历，而且是一位感情丰富、文采飞扬的诗人。对他评价不高的《宋史》也承认，王安石"文动笔如飞"，"见者皆服其精妙"。丰富的基层工作经验使他心有乾坤、自信满满，腹有诗书的情怀使他心有理想、目标高远，朝廷的高

图1-11   《芳春雨霁图》   〔宋〕马麟   （台北"故宫博物院"藏）

度信任又使他把自信和理想变成了高度的自负清高，三者结合，决定了很想做事、做成大事的他，过度自信地方执政经验，过分迷信改革你死我活，过多相信强权政治威力，终于使方向正确、架构合理的改革，因为缺乏完善的细节、缺乏众人支持而功亏一篑。

　　自信与自负的分水岭，在于是否善于审时度势，长于沟通说服，敢于自我否定。王安石不缺家国情怀、天才设计和改革决心，但缺少协调左右、看清大势的能力，缺乏在斗争后中完善自我、争取多数的智慧和耐心。当自信变成对不同政见一概排斥，面对同路人不断减少的局面缺乏反思时，结局就令人担心了。

　　感谢宋代，让士大夫的性格那样无碍释放，才华那样充分张扬，我们才有机会清晰看到性格和才华可叹的"另一面"，进而认识到，过分爱惜羽毛、瞻前顾后会失去很多机会，而完全信马由缰、不顾左右也会累积各种矛盾，直至坏了大事。

和而不同两宰相

　　两宋加起来三百多年，大臣之间的关系微妙复杂。其中，大臣之间一些流传青史的相处之道，值得后人体会和学习。

　　司马光与王安石是故友。史书中记载，他们"屡尝同僚，游处相好之日久"。他们还曾在诗文当中，相互表达了仰慕之情。他们都受到过大文豪欧阳修的教诲和提携，又都与梅尧臣是忘年之交。二人还曾经同为文学侍从，给皇帝做私人秘书，也都做过宋朝宰相。在他们各自的文集中，保留着不少互相唱和的诗赋。

　　但是，二人在著名的"熙宁变法"问题上，产生了严重分歧。

　　北宋中期，庞大官僚机构的经费开支，边疆长期战事的军费消耗，使财政负担越来越重；加上土地兼并、农民失地、富豪隐瞒土地加重的经济危机，使得北宋朝廷面临内忧外患。当朝皇帝宋神宗要巩固执政地位还有个难言之隐，其父英宗是仁宗堂侄而非亲生，神宗迫切需要证明自己皇位的合法性，收复北方燕云十六州故土，成为他的梦想。要把国家转向战时状态，王安石带有国家主义色彩的变法主张，和神宗一拍即合。

　　熙宁三年（1070），王安石拜相，开始变法。他的新政方案，来源于在地方主政期间取得的一些经验和成果。然而，小范围的区域性改革，推广到全国范围时会遇到很多复杂问题，特别是官僚体制的掣肘，更何况王安石是均输法、青苗法、募役法、保甲法等一系列改革措施全面推进。

司马光开始并不反对变法，但认为不能激进。在有人弹劾王安石时，他还出面劝解过。他也曾给王安石写信，善意劝他慎重操作，防止奸佞小人借机敛财。但王安石把司马光及其他人的意见，都看成了与变法作对。终于，两个人在变法问题上的认识越走越远。

比如青苗法，王安石想借此帮农民把民间高利贷资本挤出信贷市场，让各级政府获得源源不断的利息收入。司马光则认为，这是与民争利，"国不以利为利，以义为利也"。由于沟通不畅，两人在神宗主持的议政会议上，发生了激烈争辩。

变法一年后，宋朝因青苗法得到了三百万贯收入，因市易法得到一百五十万贯收入，熙宁到元丰年间，国库丰盈，军费充裕。在此基础上，在王安石指挥下，熙宁六年（1073），宋熙河路经略安抚使王韶率军进攻吐蕃，收复了河、洮、岷等五州，拓地两千余里，恢复了安史之乱前由中原王朝管辖的疆域范围，使宋对西夏形成了包围之势。

但以司马光为代表的旧党，从另一个视角责问这种成就的代价：通过法律把民间资本的本来收益变为国有，不仅增加了行政成本，而且用政策性贷款取代自发的民间借贷，使农民原来和民间资本至少形式上的（交易）主体平等关系不复存在，被迫与权力打交道且没有讨价还价的余地。自愿借贷变成强迫借贷，这给官僚借机中饱私囊和权力腐败提供了机会。经济事务行政化导致指标分解和执行过程中的层层加码，农民因官贷而失地的情况不断出现，再加上保甲制下天天"教阅"（训练）的压力，一部分农民自残或逃亡……

　　变法实行不到一年，围绕变法的"新旧党争"不断加剧。由于有宋神宗支持，王安石在较量中得胜。司马光知道自己无法阻止变法，不顾神宗挽留，连续上奏五次，主动离开了"庙堂之高"，从容优雅地退居"江湖之远"，到洛阳潜心编著《资治通鉴》去了。

　　王安石大权在握强力推动变法时，司马光没有因为是变法的主要反对派就受到打击和陷害，他平静安心地在洛阳一待就是十五年，潜心著述锦绣文章。皇帝问王安石对司马光的看法时，王安石客观理性地评价其是"国之栋梁"，对司马光的人品、

图1-12　《江行初雪图》（局部）　〔五代〕赵幹　（台北"故宫博物院"藏）

能力和文学造诣，都给了很高评价。

由于王安石的变法改革触动了官僚阶层的利益，也存在操作中的不少漏洞，批评声音加大，弹劾或奏章不断。最初，这些"告状信"基本都被神宗以"危言耸听""言过其实"为由按下。但随着问题不断出现和弹劾声响不断提高，神宗从排斥反对意见到注意倾听，再到对变法方案开始产生了怀疑。

正在这个关键时刻，管理城门的小官郑侠的一幅《流民图》，被辗转送到了神宗案头。画上把变法的结果归结为三类令人不忍直视的形象：饿得面黄肌瘦沿街讨饭的流民，因为欠债被官府戴上脚镣上山砍柴的小贩，为了逃避兵役而当街自残的年轻人……这张横空出世，生动刻画了流民悲惨形象的《流民图》，使身处深宫大院的宋神宗受到极大震动，深为自责。《流民图》成为压垮骆驼的最后一根稻草，王安石的变法也终于走到了尽头。

王安石见变法失去有力支持，就称病在家，最后不顾神宗挽留辞去相位，隐居江宁。

元丰八年（1085），神宗去世，哲宗继位，司马光被重新起用为宰相，开启全面摒弃新法的元祐时代。次年王安石去世，司马光得知后拖着带病之身，给当时的宰相吕公著写了一封信，信一开头就称王安石"文章节义过人处甚多，但性不晓事，而喜遂非"。接着司马光建议吕公著：现在正在革除王安石新法的弊端，"不幸介甫谢世，反复之徒，必诋毁百端"。他的信中，亮出了对朝廷处理王安石后事的建议："光意以谓，特宜优加厚礼，以振起浮薄之风。"

　　一般而言，政敌对己多有攻击，妨碍了个人成就，并且争斗跨越十多年时间，两人成为宿敌也属正常。但在北宋中期那个大变革时代，司马光和王安石尽管政见不同，激烈争斗，却又能积极评价对方，善待旧友，甚至司马光在重病中闻听噩耗，仍不忘请朝廷厚待对方，令人唏嘘慨叹，给人以无穷回味——

　　政见不同未结私人恩怨，主因是为国争辩，没有私心。司马光和王安石为了什么争斗？从熙宁三年（1070）两人围绕变法的书信往来中，可以一目了然。司马光在《与介甫书》中说："光今所言，正逆介甫之意，明知其不合也。然光与介甫趣向虽殊，大归则同。介甫方欲得位以行其道，泽天下之民；光方欲辞位以行其志，救天下之民，此所谓和而不同者也。"王安石在《答司马谏议书》中也提道："窃以为与君实游处相好之日久，而议事每不合，所操之术多异故也。"他们都看到了，两人所争所斗，都是涉及国计民生的大是大非，没有夹杂私利的小恩小怨。私心是万恶之源，会让各种个人恩怨泛滥，激愤难抑。相反，当所有争斗都有一个共同大目标时，这种争斗再激烈，也都不直接殃及个人关系，因此就没有背后中伤，没有诽谤相残，没有权势倾轧。有的，只是性格耿直，是过度自信，是据理力争，是捍卫理想。总之，是相对单纯和应该尊重的政见分歧。

　　彼此尊重和客观评价，会产生最佳结果，吸取政敌意见的合理成分，不因人废言，不走极端。如果有了个人恩怨，对对方人格、做派、能力等产生看法，就会因感性情绪而进入一种认识误区，排斥来自对方的所有信息。相反，如对对方人格和能力持尊重态度，越是政敌，相反可能越会关注对方的思路和论证，以利自己稳扎稳打。这样的结局，必然是利己利民。司马光重新为相后，虽然对王安石变法总体持否定态度，但在具体操作中，没有全部推翻其主张。王安石关于改革科举和学校的变法内容，司马光认为是"革历代之积弊"，基本沿袭下来；对于"方田均税法"，从现有史料中，也找不到司马光提出过异议；即使对很不以为然的"免役法"，司马光也没完全恢复过去的差役法，而是主张各州县"曲尽其宜"，从具体情况出发，对原差役条款"于今日不可行者，即是妨碍，合申乞改更"，实际上也吸收了免役法的一些合理内容。

在君权至上的背景下，个人努力处在服从和随机地位。曾有很多人感慨，一幅画作的纳谏力量，怎么就超过了无数旧党大臣的前赴后继？直观的一幅画作胜于抽象的千言万语，有时可能是一种事实。但换一个视角，还有一层原因或许是：王安石的变法，顺应了神宗刚登基时希望开疆拓土，证明自己能力的诉求。在这个诉求尚未实现之时，再大代价、再多异见都可以压住，只要能够筹足用于战争的钱粮。但当王安石完成了为其集聚钱粮、支持西征的历史使命，即神宗借助变法部分完成了自己心愿（收复的并非他最想收复的燕云十六州）并已再无西征斗志时，表面上，是一幅画作，是此后神宗的过世，让司马光重见天日，其实是当时的皇权政治，需要从战时状态转为日常状态了。当消弭党争、平息民怨的需求上升时，司马光等人的主张，就更符合后来的皇权需要了。明白于此，个人与所谓"政敌"不必搞得你死我活，其实是一种人生智慧。

三观和性格上的相似相近，也会带来政敌之间对人品、做派的相互包容。王安石和司马光都心怀大志，生活俭朴，克己奉公。宋人邵伯温说："荆公（王安石）官浸显，俸禄入门，任诸弟取去尽不问。温公（司马光）通判太原时，月给酒馈待宾客外，辄不请。"一个对薪资不管不问，一个天生不会享受生活。两人还都有菩萨心肠，仁义温厚。《邵氏闻见录》载："司马温公为西京留台，每出，乘马，或不张盖，自持扇障日。

图1-13　《松湖钓隐图》　〔宋〕李唐　（台北"故宫博物院"藏）

程伊川谓曰：'公出无从骑，市人或不识，有未便者。'公曰：'某唯求人不识耳。'王荆公辞相位，唯乘驴。或劝其令人肩舆，公正色曰：'自古王公虽不道，未尝敢以人代畜也。'"一个轻车简从不愿张扬，一个不肯接受坐轿，视其为"以人代畜"。也正因为此，虽然两人都性格倔强，做事顶真（王安石被时人戏称为"拗相公"，司马光被苏轼谑称为"司马牛"），但以己察人，以人为镜，自然英雄互敬，惺惺相惜。

　　不管是王安石得胜开始变法，还是司马光拜相废弃变法，两个人在各自"得意"之时，都没有借机对政敌下手，都没影响他们对故友和政敌的客观评价。据说王安石退隐之后，一次和门人爬山，忽生感慨："司马十二，君子人也。"（司马十二即司马光）同行人不知何意，不敢搭茬。王安石径直前行，口中反复念叨着这句话。

　　元祐元年（1086）四月，王安石在江宁府病故。同年九月，司马光在汴梁城病逝。青年时期就一起求取功名的一对好友，为政十余年尽管恩怨纠缠，依然互敬互重，彼此包容，直到晚年还在为对方着想，且在同一年告别人世——中国历史上这两位功臣才子，为后人留下了"和而不同"的悠悠古风和经典范例。

君子之交好共事

中国人重人情。邻里相处，乡里乡亲，人情相对单纯。但放到官场宦海之中，人情就可能是一把"双刃剑"了。有人"帮衬"就可能涉朋党之祸，遇事"通融"就可能把规矩踩在脚下。唐文宗曾有"去河北贼易，去朝廷朋党难"的感叹；北宋朝廷干脆规定，禁止应试举子对主考官自称"门生"，禁止称主考官为"恩师"，也是担心科举圈里互成盟友，结党营私。历朝历代，因为结党营私引发的官场痼疾，数不胜数。在这个意义上，君子之交淡如水，可以避免很多麻烦。

范仲淹还在地方任职时，认识了十五岁的富弼，对他的才华极为欣赏，把富弼的文章推荐给了御史中丞晏殊，说"此人天下之奇才也，愿举于朝而用之"。晏殊也看好富弼，还招他成为自家的东床快婿。

富弼考中进士后，正值皇帝下诏求贤。范仲淹派人把富弼叫来，腾出书房，准备好相关书籍资料，让他集中精力准备应考策论。富弼得到皇帝赏识后，和范仲淹两人同在仁宗朝为官二十二年，都成了皇帝极为仰仗的重臣，共同推行了庆历新政。

范仲淹和富弼都是心忧天下的忠臣，在协力辅政过程中，从不因私交影响工作中的态度和政见。两人常有意见不同，也多次发生激烈争议，是一对亦师亦友、亦同亦诤的搭档。

仁宗时期，北方兵患严重，高邮的地方长官担心难以御敌，就动员有钱人捐款捐物，拿出金钱、牛羊和酒菜慰劳贼兵，以礼消灾。皇上闻知震怒，派出范仲淹坐镇严查。

富弼眼睛里揉不下沙子，主张处死为首的地方长官。他对范仲淹说："这些人拿着朝廷俸禄，竟然对贼匪和和气气，还给吃给喝，应该都定为死罪，否则以后谁还再去剿匪？"

范仲淹不同意，说："地方军力如能抵御却不抵御而去贿赂，在律法上当斩；但高邮兵力不足，确实无法抵御，百姓也希望捐出钱物避免被杀戮抢劫。按兵不动，可能是为了保护百姓的权宜之计。因此杀死地方官，不是国家立法的本意。"

富弼不以为然，说："现在最怕法律得不到执行。如果执法过程有太多障碍，法律还怎么能服众？"范仲淹看还是说不服富弼，就私下对他说："从太祖以来，朝廷没有轻易杀过大臣，这是一种大恩大德，我们怎么能轻易破坏呢？再说，你我同在朝廷为官，同心同德的人并不多，皇上怎么想我们也不知道。如果轻易劝谏皇上杀戮臣子，日后你我的性命也难自保啊！"

富弼还是不同意范仲淹的看法，继续和自己的恩师争辩。有人劝他："你过分了，忘记宰相对你的提携之恩了吗？"富弼梗着脖子回答："我和先生是君子之交。先生举荐我不是因为我和他观点总是一致，而是因为我遇事能够直抒己见。我怎么能因要报答而放弃自己的主张呢？"范仲淹后来也说："富弼不媚流俗，我一直欣赏他，就是因为这个呀。"

最终，范仲淹关于体谅军力、钱物消灾的观点，还是被仁宗皇帝接受了。

庆历四年（1044）六月，契丹遣使臣通知宋朝准备征讨西夏。宋朝边境送来的情报，也称契丹已经发兵。范仲淹担心契丹人表面上征讨西夏，在路过河东时趁机入侵，提出"大可疑六"和"大可忧三"的观点，建议朝廷发兵增援边境。

富弼上奏道："范仲淹夙夜在心，要求京师及陕西增发兵马钱财往边境御敌，这是忧国忧民的表现，但可能过虑了。臣前年奉使到过契丹，了解情况。去年以来，契丹人和西夏人一直相持不下，不会有能力入侵河东。如果无人入侵而调军马粮草，就白白消耗军力了。臣只是说今年未必为患，今后会不会来犯，不得而知。"

后来，契丹果然没有入寇河东，而是与西夏打了一仗，大败

图1-14　《江行初雪图》（局部）　〔五代〕赵幹　（台北"故宫博物院"藏）

而退。

　　范仲淹、富弼在政见上虽有分歧，但因各有长短，且都能畅所欲言，观点碰撞，为朝廷决策提供了有效咨询。后来两人与其他同僚推行的"庆历新政"，因损害了权贵的利益，遭到强烈反对。在各种谗言和攻击之下，两人先后被罢官。

　　离开朝廷后，两位亦师亦友的朝廷命官，一直保持着友好关系。富弼曾写诗赠范仲淹，范仲淹的和诗存于《范文正公文集》卷六，题为《依韵答青州富资政见寄》，诗云：

> 枢府当年日赞襄，隐然一柱在明堂。
> 亲逢英主开前席，力与皇家正旧章。
> 直道岂求安富贵，纯诚唯欲助清光。
> 龚黄政事追千载，齐鲁风谣及万箱。
> 伟望能令中国重，奇谋曾压北方强。
> 故人待看调元后，乞取优游老洛阳。

　　诗中回忆了两人在朝受仁宗信任，推行"庆历新政"的经历。"直道岂求安富贵，纯诚唯欲助清光"，是说两人无意追求个人富贵，一心辅助治国大业的愿望。诗里还赞扬了富弼出使辽朝和出知青州对国家的贡献，祝福富弼退隐山林后颐养天年，享受美好生活。

　　皇祐三年（1051），范仲淹病情加重。这年十一月，他手书了一生敬慕的韩愈的名文《伯夷颂》，以明心志。富弼见到这篇手书名作后，马上为其撰写了《题范希文手书伯夷颂墨迹》：

夷清韩颂古皆无，更得高平小楷书。

旧相嘉篇题卷后，苏家能事复何如。

　　富弼的题跋，把伯夷的品行、韩愈的文章和范仲淹的书法，并誉为"古皆无"三绝，对恩师范仲淹的推崇赞赏，溢于言表。

"北宋第一宰相"为何成了"奸臣"

北宋中后期的几位皇帝，英宗在位四年，三十五岁驾崩，神宗变法图强，三十八岁英年早逝，哲宗亲政七年，二十五岁病逝，再往后的徽、钦二宗干脆成了亡国之君。其间没有文治武功的伟大帝王出现，倒是有位"一人之下，万人之上"，被称为"北宋第一宰相"的三朝老臣章惇，成了后人争议不休的"明星"。

一、章惇其人

章惇（1035—1106），字子厚，建宁军浦城（今福建省南平市浦城县）人。当年神宗为解国力贫弱起用王安石变法，深得王安石赏识的章惇，被任用为编修三司条例官，成为草拟和制定新法的核心成员。哲宗年幼继位，高太后垂帘听政时，章惇已身居参知政事、门下侍郎的副相高位。司马光提出割地给西夏以求安宁的建议，章惇气极骂道，此为"无见识的不逞之徒言"，"议者可斩"。司马光任宰相后拟废除新法，满朝文武都不敢言，唯章惇上疏逐条分析免役、差役二法的利弊，驳斥司马光对免役法的攻击。司马光废新法意见得到太后支持后，章惇又愤恨地在太后面前争辩，话有不恭，得罪了太后，元祐元年（1086）被谏官弹劾贬任出朝。直至元祐八年哲宗亲政，章惇拜相执政，才恢复了新法。

章惇任职地方时，便政绩赫赫。他平定了湖北，大规模开发湖南，设立州县，开拓西南，统一内地割据势力，对江南的发展做出了卓越贡献。后入阁参与熙宁变法，旧党掌权后章惇被贬至汝州。

元祐八年（1093）被召重新执政后，作为王安石变法的继任者，他对以往的改革政策做了改良，缓解了变法过于激进的不足。他改革官制，严刑峻法，贬斥旧党，流放诸臣，治理黄河，沟通水系，使北宋内政为之一新。

在对外关系上，章惇有极强的家国情怀。他一扫北宋太宗以后岁币求和、保守怯懦的风格，采取强硬攻势，开疆扩土，锐意图强。先征服了西夏，令其俯首称臣；后又收复了吐蕃大量土地，令西南"峒蛮"正式归顺大宋王朝。这样的功绩，在整个北宋几乎无人可比，他也因此成为北宋历史上具有划时代意义的功勋人物。

章惇的家国情怀，还体现在他自律甚严、铁面无私上。他始终不肯利用自己的显赫地位为亲戚朋友谋私。他的四个儿子虽都考中进士，但仅有小儿子为校书郎，其余都是州县小官，不曾显达。

可就是这样一位功绩赫赫、铁面无私的宰相，最后的结局却令人唏嘘。不仅在徽宗时期被一贬再贬，甚至到了贬谪地租

不到房屋。更令人扼腕的是，《宋史》说他"尽复熙丰旧法，
黜逐元祐朝臣；肆开边隙，诋诬宣仁后"，把他列为奸臣，与
蔡京、秦桧等人放在一起让后世唾弃。

二、受辱原因

这位北宋的大功臣晚景凄凉，翻遍相关史料，无非归咎于
以下几点：

一是作为王安石继任者、新党首领，他改良新法，打击旧党，
甚至连去世旧党官员的封号、谥号都一一取消，这就得罪了以
老臣为多的旧党群体。二是他曾建议宋哲宗废除高太后封号，
这就是《宋史》中说的"诋诬宣仁后"。三是作为三代老臣，
他深知神宗十四个儿子的秉性和做派，在哲宗病逝后，建议立
简王赵似为储君，认为"端王轻佻，不可以君天下"，因而得
罪了被向太后和旧党大臣力荐的端王赵佶。

把以上诸条做一个简单推理，章惇被列为奸臣的原因不难
辨析：如果是因推行新政，王安石才是"始作俑者"，但《宋史》
并没有把王安石列为奸臣，变法显然不是主要原因；如果是怪
其建议取消高太后封号，在鼓励士大夫谏言的宋朝，一个并没
被采纳的建议，远不至于给其扣上奸臣的大帽子；只有最后一
个原因，反对赵佶继位，得罪了后来的宋徽宗赵佶，但也恰恰
是这一条后来被历史发展所验证——向太后和旧党大臣们正是
因没听章惇苦劝，选出一个穷奢极欲、不理朝政的昏君赵佶，
最终葬送了北宋。

　　当然，章惇后来被很多人诟病，也有他自己的问题，比较突出的是对旧党的铁血政策和无情打击。

　　作为新党首领的章惇，对旧党曾经给自己的贬逐心有怨恨。重新执政后，京城上下数百人受到他的查办，连司马光等人的赠谥也被追夺。章惇和苏轼年轻时曾是挚友，后苏轼因多次陈

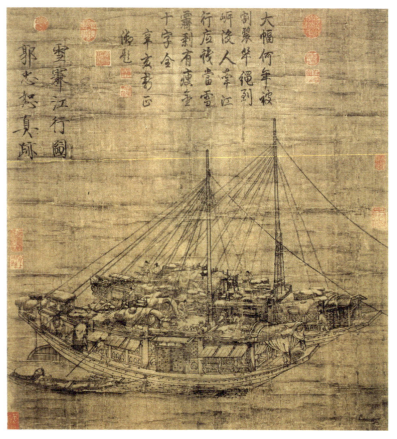

图1-15　《雪霁江行图》　〔宋〕郭忠恕　（台北"故宫博物院"藏）

言新法的不足，和章惇成为政敌。章惇任相后，将苏轼贬到岭南，性格豁达的苏轼很快适应了惠州的生活，写下了"日啖荔枝三百颗，不辞长作岭南人""报道先生春睡美，道人轻打五更钟"等诗句，日子似乎过得不错。诗句传到京城后，章惇心生不满，很快将老朋友苏轼再贬到比惠州更荒凉的海南儋州。在宋朝，放逐海南岛只比满门抄斩罪减一等，何况当时苏轼已六十二岁高龄，如此远谪等于置他于死地了。章惇在无情打击苏轼的同时，又将苏轼的弟弟苏辙贬为化州别驾，安置雷州处分，并规定不许占用官舍。苏辙不得已就地租民房居住，章惇又以他强占民房为由，下达文告要求州里严治苏辙，最终因租赁双方手续齐全，苏辙才免遭新难。章惇的这种做派，也许是出于"以防后患"的政治考量，但给人留下了党同伐异、挟私报复的口实，同时也因过于严酷，树敌太多，使自己晚景凄凉。

三、名人启示

名人的经历容易被关注，名人的遭遇也容易被人关注和吸取教训。千年之后再看宋中后期这段历史，以及"北宋第一宰相"章惇的褒贬毁誉，给后人很多启示。

第一，"政声人去后"，甚至要"后"到下一个乃至更远的朝代。为政者受到时代条件、治理环境、个人性格等因素制约，难免有潮涨潮落，可能会时起时伏。功过是非个人无法左右，但终有公论。一代女皇武则天去世后，留下一座无字碑，是非功过由后人评说，是这位女中豪杰的睿智。章惇的是非毁誉，哪怕正史《宋史》似已"盖棺论定"，架不住章惇生前的文治武功也在史书留存。因此后世了解宋史的人们，对章惇的关注一直没有停止。南宋名臣李纲评价章惇："自今观之，爱惜名器，坚守法度，诸子虽擢第，仕不过箠库州县，岂不贤哉！"明末清初思想家王夫之认为章惇"其功博，其德正，其仁大矣"。近代思想家梁启超干脆反唇相讥："元祐的那些人是君子，所以可以驱逐小人；章惇是小人，所以不可以驱逐君子。我不知道，他们所说的君子和小人是怎么来区分的"，"吾以为惇有才而负气之人也，奸则吾不知也"。

第二，史书要读，但不可尽信。"以史为镜，可以知兴替"，历史是最好的教科书。但历史不等于"史书"。尽管传统史学强调"不虚美，不隐恶"和"实录""秉笔直书"的史德，但真正能做到的史学家，少之又少。一方面，传统史学"为尊者讳""为亲者讳"的传统，必然使史书常有春秋笔法，难免云遮雾罩；另一方面，过分强调史学经世致用功能的传统，又很容易导致其受到当朝舆论的引导而被动"服从"，失去客观、求实的本真。当我们在为古代"盛世修史"欣慰之时，也要顾及因当朝志趣、好恶等，可能存在的示假隐真和评价局限。因为宋徽宗的原因，南宋将王安石"熙宁新法"作为北宋失天下的祸根，此后的史学家也基本对王安石持否定态度；而由投降派执政的南宋偏安一隅，不思北伐，自然也是齐声反对新法，对新党首领章惇的评价，当然也不会改变。再加上《宋史》是元朝编修的，不熟悉汉文化的元朝官僚，不得不大量采用宋人笔记和南宋史官留下的现成评价——被宋徽宗一贬再贬、南宋保守派笔下的章惇，自然不会有好形象——元朝人修出的《宋史》，凡是涉及北宋变法人物的，评价都极低，就不足为怪了。

第三，"人无完人"不是评价人的尺度，人的特定职责和相应作为，才是评价历史人物的根本依据。我们常说人无完人，再贤德的人也有瑕疵，评价人要看是"功大于过"还是"过大于功"。这样说有些道理，但也存在两个问题：一个人做过的事，很多是没有"可比性"的。如果说章惇贬谪苏轼，让这位旷世奇才折寿了若干年是"过"，那他推动新法、征服西夏、收复吐蕃就是"功"，但这"功""过"怎么比谁大谁小？更重要的是，不联系特定历史职责和相应行为评价人，很难找到评价的本质标准和共同认知。从做朋友的视角看，章惇不是一个可以托付、值得深交的人，他把政治生命、政治责任看得很重，必欲把所有政敌置之死地而后快。但从他履行辅佐皇帝、治理国家的职责看，他严于律己、不惧权贵、尽心尽责、文治武功，为了治国理政，他几乎做出了所有可以做出的努力，付出了所有可能的牺牲，是一位极其难得的国家栋梁。

第四，为人恪尽职守是政德，宽容政敌也是政德，得其一不易，兼顾更难。尽管章惇文治武功，对北宋治国贡献很大，但对政敌秋风扫落叶般的毫不留情，也使他失去了政治上的一些"退路"。相比之下，章惇年轻时的好友苏轼，虽没达到他权倾朝野的高位，没像他那样立下许多治国功勋，但苏轼为人做事的风格，不仅更符合中国人的道德评价，也有更加普适的文化传播意义。苏轼不仅在诗、词、文、书、画等方面取得了很高成就，成为中国历史上的文坛领袖，而且在为官期间，恪

余二十年前見此圖於嘉興項氏以為文敏一生得意

筆不減伯時蓮社圖每往來於懷七年長至日項

晦伯以偏舟訪余攜此卷示余則蓮社已先在篋上

五相展視出一軸尤貴晦伯曰可使延津之劍久判

雖雌遂屬余藏之載鴻閣甚名記壬寅除夕

图1-16　《鹊华秋色图》（局部）　〔元〕赵孟頫　（台北"故宫博物院"藏）

尽职守，政绩斐然：苏轼在徐州筑堤抢险、修堤防洪、解忧助困、身先士卒；在湖州革新除弊、因法便民、深入农户、解决灾情；在杭州平抑米价、救助灾民、为民治病、疏通江河、修复六井、疏浚西湖，以至于他卸任时杭州百姓自发含泪送别，并在杭州以"苏堤"的命名，永世纪念这位给百姓造福的父母官。而在对待持不同政见者的态度上，苏轼也尽显雍容大度、理性公正。新党得势之日，苏轼因指出其不足，不受重用；旧党当权后尽弃新党政策，苏轼却提出新法有合理之处，不宜尽废，因此又不受旧党欣赏。对待几乎将自己置于死地的章惇，苏轼体现了他大海般的气度和胸怀。当得知六十五岁的章惇被放逐雷州后，苏轼给章惇的女婿黄寔写信："子厚得雷，闻之惊叹弥日。海康地虽远，无瘴疠。舍弟居之一年，甚安稳。望以此开譬太夫人也。"以弟弟苏辙在那里住过一年的经历，请他转告章惇的母亲，雷州一带虽偏远但无瘴气，人能平安归来。苏轼收到章惇之子章援的来信后，带病回信，信中尊称章惇为"丞相"，回忆了"某与丞相定交四十余年"的友谊，还特地附上了治疗当地常见病的药方。章惇被《宋史》列入"奸臣传"有失公允，应该平反；而苏轼的精美诗词和云水襟怀，历经千年仍深受世人喜爱和尊崇，公道自在人心。

武将带兵的智慧与情怀

宋朝享国三百多年，远没有唐代国土辽阔、八方来朝那般威风。相反，辽、西夏、金、蒙古对宋朝的威胁始终存在。在重文抑武治国大政的背景下，无数有勇有谋、有情有义的宋朝武将，为了国家安全和黎民安康，起到了中流砥柱的作用。

北宋开国将领曹彬，秉性仁敬和厚。他任节度使期间，曾兼任徐州地方官。有次手下一个年轻官吏犯了法，案情查实按律应受杖刑。一向执法严明的曹彬却好像忘了这事，没有追究。众人不知何故，又不敢多问。日子一长，此事就淡出了人们视线。一年后的一天，曹彬突然下令把那犯法下属抓来，依法打了几十大板。曹彬提醒众人，这顿板子，是对其上年罪行的惩罚，罪有应得！众人大惊，不明白为何施刑竟拖了一年。曹彬解释道："当初板子没有打下，因他刚新婚成家。那时用刑，乡邻会说新媳妇克夫，婆家也会打骂刚嫁进来的媳妇，新媳妇会觉得无脸见人，弄得不好还会发生意外。"众人一听，被曹彬体贴下属、宽严相济的做法所感动，对他更加爱戴。

令西夏人闻风丧胆的北宋名将狄青，威风不仅来自一身勇武，还有他的睿智。皇祐四年（1052），广源州蛮侬智高反叛，连续攻陷沿江九个州并包围了广州城，宋军几次讨伐均告失利。狄青上表请战，行至广西境内，他见士气比较低落，心想前几次败仗的消极影响未散，这样不行。他想了一个办法。这天队伍刚出桂林，狄青突然下令停止前进。他在众人面前拿出一百个制钱，口中念念有词："本次出兵胜负难卜，祈望神灵保佑，如能克敌制胜，让钱面全都朝上！"左右大将听后紧张起来，担心空中抛钱结果难料，弄得不好反而会影响士气，就悄悄劝狄青不必如此"冒险"。狄青不睬，在全军面前一挥手，一百个制钱在空中翻飞着一一落下。众人忐忑不安地凑近一看，个个目瞪口呆，一百个钱居然整整齐齐全部正面朝上。官兵见神灵如此保佑，士气大振。狄青命左右用一百根铁钉把制钱原地钉在地上，盖上青布，并亲手封好，说凯旋时再收制钱。宋军大败叛军班师北还时，路过抛钱处，众人将狄青亲手封好的钱起出一看才知，那一百个制钱，两面都是正面。

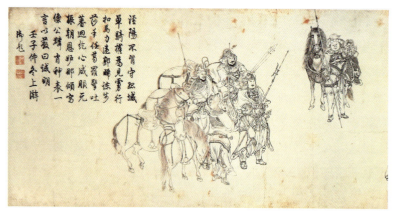

图1-17　《免胄图》（局部）　〔宋〕李公麟　（台北"故宫博物院"藏）

　　狄青出身寒门，年少入伍，因屡立战功官至枢密使，"权侔于宰相"，地位和宰相相当。但当兵时为防开小差，军营在他脸上留下的刺字，有些影响朝廷命官的形象。一次，宋仁宗劝狄青敷药除掉脸上的刺字，不料狄青指着自己的脸说："青若无此两行字，何由致身于此？断不敢去，要使天下贱儿，知国家以此名位待之也。"他的意思是，朝廷是论功行赏的，没有计较我狄青出身寒微。我的今天和脸上的刺字就是明证。臣希望保留这刺字，以此激励天下贫苦家庭，男儿当自强，国家还等着我们去建功立业！

　　以上两个故事，让我们看到了一位用心打仗、用情带兵、以忠报国的宋代武将。为了振奋士气，为了激励军心，可以想出巧妙策，可以放弃美颜方。古人说："运用之妙，存乎一心。"宋代将领以自身实践，给后人展示出拳拳赤诚之心。

　　史籍留下的岳飞带兵的故事，很多也与他的思考、经验和仁慈之心有关。

　　岳飞在1130年组建岳家军后，被赵构派去对抗曹成的队伍。大将张宪进关不久吃了败仗，大将韩顺夫被砍掉了一条手臂，岳飞的弟弟岳翻也被曹成部下杨再兴斩于马下。最后由于势单力孤，杨再兴被围，做了俘虏。张宪正要杀掉杨再兴报仇，杨大喊一句"愿执我见岳公"。岳飞惜才，知道杨再兴是员猛将，见到这个杀弟仇人后，亲手为他解开绑绳，对他说："你杀了我弟弟，那是军前事，各为其主，我不杀你。跟着我报效国家吧！"杨再兴听后十分感动，拜倒在地，从此跟随岳飞征战沙场，屡建战功。

　　岳家军治军严格,纪律严明,练兵全部披戴重甲按实战训练。岳飞还让十四岁的儿子岳云跟着受训。一次岳云不慎坠马,照样挨训受罚。岳飞在军中有"冻死不拆屋,饿死不掳掠"的要求。如果借宿农家,士兵天一亮就起来,为主人打扫卫生,清洗餐具后才离去。一次,有个士兵因拿了百姓一缕麻布捆扎草料,被斩首示众,以儆效尤。眼见百姓生活艰难,岳飞不仅严禁士兵侵扰百姓,还组织生产自给自足,减轻农家负担。

图1-18　《耕织图轴》　〔宋〕佚名　(中国国家博物馆藏)

岳飞曾对张宪等将领说："敌首不能放，放了还会聚众为盗。但士兵是被抓来的，要尽量安抚，不可随意杀人，以保仁义之师声名。"打败杨幺后，手下建议杀光俘虏以免后患，岳飞不理，把青壮年全部收入军中，给年纪大的发放钱粮让其回家种地。筠州一战敌军溃逃，岳飞让将士边追边高喊"不抵抗的，坐下不杀"，这些人早闻岳家军的仁义宽厚，一时间八万多人坐地示降。

都知道"撼山易，撼岳家军难"，通过上面事例可知，岳家军的威风，不是好勇斗狠而来，不靠单纯威猛而得。不计私仇，惜才如命，体恤生命，关爱士兵，治军严格，报国为民，这里面蕴含了多少不是军事技术，却能提高战斗力的智慧和经验啊！

毕再遇是山东兖州人，南宋中期大器晚成的一颗将星。其父毕进曾是岳飞的部将。毕再遇从小习武，武艺高强，身材魁伟，精通兵法。但从青年到壮年，他一直默默无闻。坊间传说毕再遇箭术超群，能拉开常人无法拉开的三百斤强弓。宋孝宗亲自殿试，并赐予战袍，委以重任，促其成为近六十岁开始驰骋战场的老英雄。

南宋开禧二年（1206），宋军北伐。毕再遇拿下泗州后，率麾下四百八十名骑兵为先锋攻打徐州。路遇败退残兵，得知了宋军溃败和统制田俊迈被擒的消息。当他们到达灵璧时，遇到宋将陈孝庆部正准备撤退，毕再遇斥责道："胜负兵家常事，岂能自挫锐气！我奉命攻取徐州，恰经过此地，宁肯死在灵璧北门之外，绝不在南门外苟且偷生。"他整军迎敌，大破金军两千五百余骑。宋军继续渡水追击，毕再遇手舞双刀冲锋在前，砍杀金兵所向披靡。迎面一个手舞双铜的金国大将杀来，毕再遇左手用刀架开铁锏，右手一刀迅速跟进，金将反应不及，被砍中肋骨，坠马而亡。

一次与金军对垒，毕再遇发现敌众我寡，而且金人还在不断增兵，为保存实力，他决定撤退。但如撤退行动被金兵发现，尾随而来的金兵可能导致部队溃散。他做了一个特殊安排：金人连续多日听到对面金鼓大作，以为宋军在练兵习武，后来鼓声逐渐减弱，却不见宋军人马出战。金将派出骑兵打探情况，才发现一座空营前，留下了一排大鼓，每面鼓上都悬吊着一只羊，羊的两只前蹄顶在鼓面上，羊不断挣扎前蹄乱踢，才出现一片战鼓之声。几天后羊没了力气扑腾，毕再遇的部队早已远走高飞。

毕再遇奉命镇守六合时，金军大兵压境，十万大军把六合围成了一个铁桶。毕再遇见官兵精神压力很大，便把城中所有的乐工征集到城楼上，他们携带各种乐器，一时管弦四起，锣鼓齐鸣。守军听到管弦丝竹之声，情绪得到放松。金人不知城内发生了什么，也暂时停止了攻势。入夜后，毕再遇让人悄悄打开城门，派出小股精骑袭扰敌营，令其整夜无法睡觉，使敌人疲劳。守城弓箭手的箭快用完时，毕再遇让人赶制了多个青布车棚，在草人身上披上衣服戴上盔甲，让军卒推着在城墙上走来走去，金人远看以为是宋将巡查城防，便一起朝草人猛射，很快"借"到二十余万支箭。

金军久围不下，晚上又休息不好，只好撤兵。毕再遇率骑兵在路上撒下用香料煮熟的豆子，而后出兵攻敌诱敌，金兵尾随来到撒豆之路，战马闻到豆香纷纷停下，低头寻找豆吃，一时乱了军阵。毕再遇的伏兵趁势杀来，大败金军。

宋代武将的故事还有很多，笔者整理的过程中，心情比较复杂和悲凉。

武将在宋朝，处在一个极其矛盾和尴尬的地位。从皇帝心理来说，尊崇祖训要时刻防范武将，边境受威胁又离不开武将；委以重任是为了国家安全，限制兵权又是为了自家安全。从武将心理来看，没有军功无以报国，有了军功会遭猜疑；尽忠报国该当本分，可功臣落寞甚至结局凄惨也成常态……

岳飞的冤死成为中国历史上最大的冤案；宗泽一生英武，镇守开封，连续奏请皇上回京都被黄潜善按下，年近七十的老将军内火攻心毒疮发作，三呼"过河"而亡；辛弃疾二十二岁即从军征战，勇猛无敌，屡立战功，因在金人统治区长大的"归正人"身份，一直不被重用，并且一贬再贬直至平民，只能靠填词"醉里挑灯看剑""可怜白发生"来排遣心中悲愤，临死之夜他没有交代任何家事，连呼三声"杀贼"，郁郁而终；李纲、曹玮、毕再遇等名将都被一贬再贬，抱恨而终。

没有这些命运多舛却忠心耿耿的武将，宋代不可能取得那样的辉煌。时代的局限，使得他们的奋不顾身反而很有可能给自己带来悲剧命运。他们身上理想和遭遇、业绩和结局的反差，给我们深刻揭示出中华儒家文化的魅力与局限；而他们生前身后留下的那些带兵故事、爱民情怀、抗敌智慧和壮美诗文，后人不会忘记，也不该忘记。

民间力量的伟大与遗憾

古今中外的国防力量，素来由国家组织和供养。但也有例外。当国防军不足以或暂时未能抵御外敌时，民间蕴藏的保家卫国的热诚，会以各种形式，抓住各种机会释放出来。这种抗击外敌的自发力量，不花财政银两，民间自有动能；作战勇猛异常，因是为家国而战，不比雇佣兵为钱打仗；由于是主动为战，常常善于开动脑筋，避敌锋芒，舍短用长。

在宋廷率众南迁，金人统治北方，平民无处求助，南方也受到侵扰的情况下，正是这样一批平民百姓，展现了中华民族的英雄气节，涌现了无数民间抗敌英雄。

魏胜（1120—1164），宿迁（今江苏宿迁西南）人。他出身农家，善于弓箭，胆略过人。

靖康二年（1127），金兵攻破宋朝国都汴京不久，宿迁也成金国的地盘。年幼的魏胜对金兵的掳掠看在眼里，恨在心中。从小跟着大人们骑马、射箭和舞刀弄枪。

绍兴四年（1134），韩世忠督兵于淮楚一带。年轻的魏胜喜不自胜，携家迁居楚州，并应募投军成了一名弓箭手。可惜"在淮十余年而金人不敢犯"的韩世忠，被宋高宗派往镇江，抗金的大好局面就此失去。宋金议和后，魏胜心有不甘，他隐匿在山阳，常常扮成盐贩或工匠，渡过淮河到涟水、海州、沂州一带，刺探金国军情。

绍兴三十一年（1161），魏胜渡淮刺探敌情时发现，金主完颜亮在海州、涟水一带储存粮草，打造兵器，广为征兵，急忙把这一军情向楚州知州报告，建议趁敌不备袭取涟水。见其不敢行动，魏胜就自己聚集了三百名义士，连夜渡过淮河，一举占领了涟水城。因为纪律严明，加上魏胜的有力动员，又有数百人参加了魏胜的"忠义军"。

壮大的忠义军乘胜向海州进发，围住了海州城。因忠义军只有五六百人，很难强攻，魏胜让一部分勇士绕道海边做出海上登陆假象，又叫人在城外广树旗帜，多举烟火，使守军以为忠义军人多势众，虽有数千官兵却不敢出城。魏胜派人向守城士兵喊话："你们原本都是大宋子民，朝廷念你们饱受金人摧残，派我等来此解救百姓，收复失土，惩治奸细，你们可速开城门，协助我等共擒贼寇，忠义军绝不扰民。"守城士兵都为百姓出身，听后悄悄打开城门，并充当向导朝着州衙进发，活捉了守臣高文富。

忠义军拿下海州后，魏胜派人向胸山、怀仁、沭阳、东海诸县通报情况，各地望风归顺。魏胜降租税、释罪囚、开仓库、济贫民、犒战士，进一步广募忠义之士，以图收复北方失地。由于忠义军缺乏武器装备，魏胜手下左军统制董成率一千多人袭击沂州，斩敌三千余人并得器甲数万，被金兵围困后，因魏胜救援得以脱险。

图1-19   《风雨归牧图》   〔宋〕李迪   （台北"故宫博物院"藏）

　　金主完颜亮派蒙恬镇国率万余金兵攻打海州。魏胜设好伏兵，亲率义军迎敌。金兵仗着人多势众步步紧逼，魏胜佯败且战且退，突然后队伏兵发起猛攻，魏胜率军反杀，蒙恬镇国被魏胜一刀斩下马来。金兵被斩千人，降数百，其余仓皇逃遁。此战打出了军威，前来投奔的百姓络绎不绝。魏胜担心部队缺乏朝廷后援，只好劝告山东百姓："你们暂且集合起来，结寨自守，以待王师到来。"

此后，魏胜先后率军赴仓山救援百姓，指挥部队固守海州击溃金兵，在海州苦苦经营保障军队供给，直到沿海置制使李宝派其子李公佐从海上侦察敌情，到海州才知魏胜为国家立了如此大功。李宝一面向朝廷报告，一面和魏胜联手，做通被金兵雇用驾船的中原百姓工作，等宋军一到反戈一击。他们把舟船开到洋山岛，打出金人的旗号。金人兵船上的艄公挂起信号，李宝舟师顺风而至。艄公们弃船登岸，宋军跳上金兵舟船，在早已涂了桐油的船帆上放起火来。金兵船只失去动力无法应战，被宋军全歼。李宝回师表奏朝廷后，宋高宗封魏胜为"阁门祗候"，任命他为海州知州兼山东路忠义军都统。

隆兴元年（1163），魏胜一度被贾和仲诬陷，后被平反，改任楚州。在金国大将徒单克宁入侵时，魏胜力战而死。宋朝追赠其保宁军节度使，谥忠壮。

耿京（1130—1162），山东济南人。耿京比魏胜小十岁，也是农民出身。魏胜攻占涟水、海州的绍兴三十一年（1161），金主完颜亮在南侵路上烧杀掳掠，中原百姓苦不堪言。耿京对金人的烧杀恶行和苛捐杂税忍无可忍，率众揭竿起义，在东山（今山东昌邑东）竖起抗金大旗，引得众多百姓投奔，先后攻克了莱芜、泰安等地。

蔡州人贾瑞带人投靠了耿京。金人统治区的河北人王友直聚众数万人抗金，攻克大名等地南归途中，也表示愿受耿京节制。耿京的义军得到迅速发展，不久已聚数十万之众。他顺势自称天平军节度使，节制山东、河北诸路抗金义军，一时声势浩大，给金人造成很大压力。

绍兴三十二年（1162）正月，耿京率义军收复东平（今山东东平），恰逢金军进攻两淮，他派遣诸军都督提领贾瑞、掌书记辛弃疾等人奉表南下。宋高宗嘉其忠义，正式任命耿京为天平军节度使，知东平府兼节制京东、河北路忠义兵马；义军将领被补官的还有近二百人。

南宋时的民间抗金，是在朝廷醉心偏安，只要不危及皇权，宁可割地纳贡求和的背景下艰苦推进的。金人骑兵南侵过程中，皇帝仗着有大船，动不动就想往海上跑，一些吃着皇粮的宋朝守军不战而溃，自有上层"榜样"的诱因，谁知道替地盘越来越小的小朝廷卖命，今后会是什么结局？与此形成对比的是，原本手无寸铁的民间抗金力量风起云涌，越战越勇，甚至深入敌后，大败金军，给人留下的不仅是英雄豪情，也有一些治国理政中值得思考的话题——

民间的活力和创造力，往往胜于官方。组织相对严密的朝廷官僚机构，优势在于能够稳定地集中各种资源。但特别强调上令下行、政令畅通的官方机构，力量容易集聚也容易偏向，往往"一损俱损，一荣俱荣"。一旦"上令"出了问题，集聚资源的优势就会大打折扣。岳飞、韩世忠的部队在横扫金军的凯歌行进中，轻易被朝廷死命叫停，是典型例证。民间的活力和创造力，来自生存需要，源于乡土情感，发于自由奔放的神经，功在无所顾忌的胆略，并且力量深藏乡野，来源广泛，取之不竭，生生不息，这正是南宋时期朝廷不曾操心、义军此起彼伏的真正原因。

民间力量能够成为官方的得力助手。赵构率众人南渡建立新政权后，金人不断侵犯，宋朝军力薄弱，而全国各地义军却此起彼伏。抗金宰相李纲专门在河北成立了招抚司，在河东成立了经制司，利用华北数十万"群盗"的力量，打下了以太行山八字军为基础的民间抗金基础。宗泽坚守东京、岳飞北伐收复失地、韩世忠打下海州等战事，都联合了起义军。北方义军不仅发挥了牵制敌后的作用，并且屡败金人，使新生的南宋小朝廷有了喘息机会，得以从容谋划，形成后来的发展局面。

民间力量，也成为官方军力的得力策应和有效补充。金人灭掉北宋占据中原之时，义军多是据险抗争的。随着抗金时间的推移，作战经验不断累积，加上熟习地理环境和金兵长短，各地义军成为金人南侵的重要障碍。据守太行山的王彦的八字军，镇守梁山泊的张荣水军，占据五马山寨的马扩、赵邦杰的十余万队伍，还有起兵于山东胶州一带的宫仪和于范温、登州的杨安儿、太行山的梁兴和赵云、磨旗山的李全和杨妙真夫妇、玉田山中杨浩和智和禅师、洛阳的翟兴兄弟、易州的刘里忙、陕州的李彦仙、楚州的赵立、解州的邵兴等，都在金人统治区拼死抵抗，浴血奋战，使金军顾此失彼，受到沉重打击。其中不少起义军颇具实力，如张荣的水军战船达到数百艘，活动于梁山泊一带，屡败金军，威震四方。起义军的顽强抵抗，使金兵左支右绌，防不胜防，无法一举灭宋，因此，起义军对于南宋稳定局面产生了重要缓冲支持作用。一部分起义军被收编纳入朝廷正规军，也在一定程度上提高了宋军的战斗力。

　　然而，处在"江湖之远"的民间力量，却往往得不到居"庙堂之高"的朝廷的真正信任，总被视为一种"异己"力量，要么严加防范，要么笼络招安，要么使用分化手段削弱义军将领的力量，使之最终都相继失去原来的优势和本色。即使这样，只关心自己地位的南宋朝廷还不放心。据历史学家统计，黄河两岸各地遍及民间的抗金队伍，总计有六七十万人，人数已和南宋军队总数不相上下。南宋皇帝对日渐强大的民间组织又爱又怕，建炎二年（1128）正月，赵构下诏指责义军"假勤王之名，公为聚寇之患"，要求悉数解散。宗泽上疏反对，请高宗收回成命，高宗不予理睬。

　　众多抗金起义军队伍中，太行山的八字军声名远播。首领王彦极具军事才华，散尽家财招募勇士，并立下了赫赫战功。汴京留守宗泽听说八字军很厉害，打了很多胜仗，就邀请他到汴京共商抗金大计，还上奏请求高宗召见王彦。宋高宗无心召见，也没过问黄河流域民间抗金情况，只封给王彦一个没有实权的御营平寇统的职务。王彦得知御营头领范琼是个投降过金兵的软骨头，心生不满，称病辞官回家去了。大词人辛弃疾，本为山东义军耿京的部下，是金人统治区的一位民间抗金将领。投靠南宋后，由于义军配合虞允文采石之战有功，辛弃疾又有率五十骑兵深入敌营斩叛徒张安国首级归宋的功勋，所以他年仅二十五岁就被任命为江阴签判，后被派往江西、湖北、湖南等地担任转运使和安抚使。但辛弃疾此后一生仕途不顺，空有

图1-20　《寒林图》　〔宋〕李成　（台北"故宫博物院"藏）

满腹豪情，报国无门。这除了因他坚决主战受到排挤外，其北方义军"归正人"的身份，终使这位赋闲近二十年、整天沉思苦想的昔日武将，涅槃成了一位千古词人，失望地留下"了却君王天下事，赢得生前身后名，可怜白发生"的仰天长叹！

民间力量的上述境遇，究其根本原因，源于千百年国家主义和忠君思想的深刻浸润。官府出于自保，很难摆脱"正统"的羁绊，民众因为忠君俯首听命"正统"的摆布，最终留下误国误己的遗憾。

古代书生的治事才情

翻阅历史典籍，常冒出个疑问：老话说"百无一用是书生"，可在古书中，经常看到一些书生报国、书生爱民的动人故事。

写下名句"众里寻他千百度，蓦然回首，那人却在灯火阑珊处"的辛弃疾，是南宋著名将领，也是豪放派词人，有"词中之龙"之称。他二十一岁时，曾只带了五十人去端数倍于己的敌人老窝，亲手把叛徒斩首后回归南宋。文天祥当年变卖家产招募乡民抵抗元军，被捕后拒不接受劝降，慷慨赴死，为后世留下"人生自古谁无死，留取丹心照汗青"的千古绝唱。写下名句"先天下之忧而忧，后天下之乐而乐"的范仲淹，看到蝗灾、旱灾蔓延，请求朝廷恩准救济，每到一地开官仓赈灾，发官钱济民，看到饥民挖粗糙苦涩的"乌昧草"充饥，回京时特意带回"乌昧草"呈献宋仁宗，请他传示朝廷上下，劝诫百官勿忘民众疾苦。

古代有位毛奇龄，杭州萧山人，是明末清初著名的经学家和文学家，所著《西河合集》分经集、史集、文集、杂著，共四百余卷，他还是清代诗歌、书法的创新大家。不过，毛奇龄可不是文弱书生，他在明末清初曾参与南明鲁王抗清的军事活动，还对家乡的消防事业做出过巨大贡献。

毛奇龄在朝中翰林院任职的时候，在朝廷《塘报》上看到杭州是全国火灾最严重地区的消息，就把这事放在了心上。

去官回到杭州后，六十二岁的毛奇龄遍查历史典籍，寻访街巷里弄。他甚至经常站在西大街（今武林路）上，拦住路人问："你家被火烧过吗？""烧过几次？"突兀的问话使他常遭路

图1-21　《征人晓发图》　〔宋〕佚名　（故宫博物院藏）

人白眼，甚至被骂成疯子。

经过一段时间思考研究，他得出自己的结论：症结在房子的建筑材料上。杭州本来就人口稠密，房屋又大都为竹木结构。晚上做夜宵的人犯困、家庭举行祭祀仪式等，柴火、香烛都容易引发火灾。

毛奇龄发现历史上论及火灾的书很少，涉及杭州火灾防治的著作更是一本没有。他又开始到处查阅资料，找人访谈，历时近一年，写成了《杭州治火议》一书。这本书不仅细致分析了杭州火灾的多重原因，还罗列出防灾理念和具体办法。毛奇龄提出，减轻火灾重在预防。要逐步将原来民居的竹木结构改为砖木结构。房子除了主要梁柱用木头外，其余都用砖砌；户与户之间要用砖墙相隔，以防失火后火势蔓延。他还提出官府要完善防火法规，建立专业救火队，把防火列入官员考核内容……

书写成易，起作用难。毛奇龄又拿着书稿，去找当时的杭州地方官。官员们已被杭城的火灾搞得狼狈不堪，翻看了毛奇龄的书，觉得这书有用。

杭州地方官员采纳了毛奇龄"徇火令""撤小屋，涂大屋""断火巷""严火罚"等一整套防火救火的建议，从此杭州发生火灾的次数大大减少。在乾隆当政的六十年里，杭州只发生过一次较大的火灾。

古代一些书生做事能力比较强，和"修齐治平""经世致用"的古训深入人心有关。此外，"脱产"文人少，也是一种生存背景。古代科举制要求考生必须熟读历代经典，加上宋代重文轻武，文官在朝的官职增设了很多，书生们在为官做事过程中，不仅腹有诗书气自华，锦绣文章必流芳，而且阅历一多提眼力，平台一大能自强。这些主客观条件于今多已难觅踪影，加上分工很细、信息泛滥、精致利己的现实，使得囿于专业、脱离社会、自得其乐的一些现代文人，比之前辈书生的务实能力，多少要有些汗颜了。

宋朝官员为何敢于大胆谏言

我们可能普遍认为，封建社会等级森严，名教纲常把人压抑得喘不过气来。官员在朝大多战战兢兢，畏言噤声。

走进典籍中的古代官场，会发现一些意外。

南宋第一个宰相李纲，呕心沥血，夙兴夜寐，屡次上奏抗金大计，力劝宋高宗赵构不要南巡，收回用兵用人成命。他知赵构不爱听这些，就先把话撂在那儿：不行我就"辞官归田"！终于，李纲以七十五天任期结束了相位。

太学生陈东被召入宫中后，三次上书，请求留任李纲，罢免主张议和的黄潜善、汪伯彦，并附议李纲谏言，请求高宗御驾亲征，不要南巡，结果惨遭厄运。

宗泽以六十九岁高龄临危受命开封知府后，相继上了二十余道奏章，反对赵构巡幸东南，力劝其回驾东京，并制订了周密的北伐计划，自愿"亲冒矢石，为诸将之先"捐躯报国。由于黄潜善等人进谗言于高宗，所有奏章均未奏效。年近古稀的白发将军怒气攻心，忧愤成疾，连呼三声"渡河"后含恨而逝。

为什么在封建王朝，会出现如此"犯颜谏上"的局面呢？

赵匡胤作为开创大宋的一代明君，在采取"削弱相权""强干弱枝""文臣掌权"等措施的同时，还留下了这样一个治国理念。宋人曹勋的《北狩见闻录》和明人王道焜作注、据说为陆游所写的《避暑漫抄》里记载，宋太祖登基后，在太庙寝殿的夹室秘刻一块誓碑。宋朝每位新皇帝即位时，都会进夹室跪诵，其他人都远远地立在庭下，不准进去。当新皇帝记住后，就合上幔布，锁上门出来。直到靖康之变后，女真人杀进开封打毁了夹室，大家才看到那块誓碑。碑高七八尺，宽四尺多，上写三句话。第一句"柴氏子孙有罪，不得加刑，纵犯谋逆，止于狱中赐尽，不得市曹刑戮，亦不得连坐支属"；第二句"不得杀士大夫及上书言事人"；第三句"子孙有渝此誓者，天必殛之"。

"不得杀士大夫及上书言事人"，其政治逻辑是：既然重文轻武，就要让文人和士大夫把话说出来，说完整。说不说，说没说完整，关系到我的信息源，我对群臣真实心理的把握，我的决策能不能顺利实施。听不听、怎么听是我的事，是一个综合判断的事，是个更高层次的决策之事。但不管听不听、怎么听，都得以群臣是不是敢于、勤于真言为前提。朝臣表面俯首帖耳，肚皮里面做文章，是最危险的。

赵匡胤的遗训还有个逻辑：既然武将有威胁，寒门出身的士大夫在民间影响大，得到他们拥护有利收获人心，既然让士大夫直言有助多方谋划韬略，防止出现昏君，那就要包容谏言者可能的"出言不逊"甚至"认死理儿"。

宋神宗时陕西战事失利，皇上下令斩杀一个漕官。宰相蔡确反对，说："祖宗以来，未尝杀士人，臣等不欲自陛下始。"神宗沉吟良久，改口"可与刺面配远恶处"。门下侍郎章惇道："如

图1-22 《墨梅图页》 〔宋〕扬无咎 （天津博物馆藏）

此即不若杀之。士可杀不可辱。"神宗叹道："快意事更做不得一件！"章惇反驳道："如此快意，不做得也好。"文人直言，够"噎人"的。

宋代真正"君臣共治"的年代，满打满算维系了一百多年。那时庙堂之上有君臣争论，江湖之中有书生议政，带来了政治开明、经济繁荣、文化昌盛和科技突飞猛进的局面。同时，也逐渐出现了冗官冗兵、新旧党争、军力下降的问题。

而由赵匡胤藏之密室，只有新皇登基或祭祀时才能自家看到的誓碑祖训，不是国家制度，自然也不牢靠。宋高宗斩杀谏言太学生陈东，破了太祖的治国家法，此后韩侂胄、贾似道被杀就不稀奇了。再后来明清时出现的"厂卫制""文字狱"等，和宋太祖的美好愿望就更背道而驰了。

文人治国可以推动国运，也可能招来不幸。建立在个人授意基础上的治国理念，可用一时但难持久。往事越千年，敬仰宋代文臣武将直言的义举，超越封建君王虚心纳谏的胸怀，完善现代民主法治的体制，我们任尚重，路还长。

历史不是一条直线

　　浏览宋史，常被一些现象迷惑。似是而非、不辨西东的情形，让人叹服历史的玄妙。

　　宋仁宗赵祯是中国历史上第一位被赠予"仁宗"庙号的皇帝，他天性和善，为政宽仁，谏官蔡襄甚至说他"宽仁少断"，朝令夕改。在御花园散步口渴，回头见宫女没带水就忍着不提要求，用膳时吃到小石子也不生气，还让下人不要声张……不过，仁宗也有"狠"的一面。

　　刘太后死后，宋仁宗亲政。他看到满朝文武很多是刘太后在世时提拔的，便召宰相吕夷简商议罢免官员之事。吕夷简明白仁宗用意，告之夏竦是太后党羽，建议罢免夏竦等一批官员。第二天朝堂宣读罢官名单，听到夏竦等名字时，吕夷简自然心知肚明。但突然又听到了自己的名字，吕夷简不由得大惊失色。原来在仁宗眼里，吕夷简也是刘太后的死党，必须一起赶出朝堂。仁宗主政时，还贬谪过范仲淹、杜衍、王曾等宰相，一点都不手软。

　　庆历初，天章阁侍讲林瑀自夸得真人传授《周易》秘籍，能从阴阳八卦中知天意，以辅助君王做事。有一天，他在陪仁宗读书时说："陛下即位，于卦得需，象曰'云上于天'，是

陛下体天而变化也。其下曰'君子以饮食宴乐',故臣愿陛下
频宴游,务娱乐,穷水陆之奉,极玩好之美,则合卦体,当天
心,而天下治矣。"意思是劝皇上顺应天意,多一些歌舞宴会,
多来点儿娱乐游玩,多让下面进贡些奇珍异宝,这样天下就能
长治久安了!宋仁宗听了这些马屁话后不动声色,但第二天就
把林瑀贬出了京城。

图1-23 《荷蟹图》 〔宋〕佚名 (故宫博物院藏)

秦桧是中国历史上的著名反面人物，因陷害岳飞遗臭万年。但翻阅《宋史》会发现，秦桧原本是一个力主抗金、反对求和的大臣。靖康元年（1126）金兵南下时，国子监学正（掌学规与训导）秦桧慷慨上书，提示朝廷金人贪得无厌，莫指望割地满足其贪欲，力主武装防御。闻知朝廷派他随张邦昌去金营议和，他认为"是行专为割地，与臣初议矛盾，失臣本心"，连奏三章推辞掉这个屈辱的差事。

这个曾经的主战派，怎么会变成顽固不化的议和派的呢？《宋史·秦桧传》中的一段记载，值得世人了解：绍兴八年（1138）十月的一天，退朝后的秦桧独自留下来，试探着对高宗说："大臣们在战与和上政见不一，难以决策。如陛下决定议和，就请单独和我商议，不必让大臣们参与了。"高宗当即同意。秦桧怕生变，又说："请陛下考虑三天再做定夺。"过了三天，秦桧又独自留下，高宗再次表明了议和之心。秦桧心里还是不踏实，说："请陛下再考虑三天。"又过了三天，两人单独见面，秦桧终于确认高宗议和之心坚定，这才着手写下奏章，确定议和大计，并不许群臣再有不同意见。由此可见，南宋弃战主和的主心骨，其实是高宗赵构。秦桧不过是借此搭准皇上脉搏，为赢得更大政治资本走在前台而已。

南宋将领张俊号称"中兴四将"之一。其实他的军事才能远在岳飞、韩世忠之下，他吃过不少败仗，而且贪婪好财，兼并土地，家财堆积如山，还参与了对岳飞的陷害，杭州岳庙里的四座跪像，其中之一即为张俊。

但此人有一特点，识人和判断能力极强。靖康二年（1127）

金兵攻破东京掳走徽、钦二帝后，张俊敏锐察觉未来华夏的希望，断然拥立赵构称帝，从此张俊以御营前军统制而成为皇室集团的贴身亲信。他先后为南宋推荐了吴玠、岳飞等一大批武将文臣，也算"失之东隅，收之桑榆"了。

一次张俊到后花园散步，见一老兵横卧太阳下呼呼大睡，便用脚踢踢他，问他怎么如此懒散。老兵起身答：无事可做呀，不睡觉干啥？张问：你能做什么？答：什么事都会一点，回易（国际通商）之类的也稍通晓。张俊说：给一万缗铜钱，你去海外跑一趟怎样？老兵答：钱太少，还不够忙活的。张俊道：五万怎么样？答：还是太少。张俊问：那你需要多少？老兵说：没有一百万的话，至少也要五十万。张俊没觉得这人吹牛，相反很欣赏他的勇气，感觉这人有可能成事。于是，真的拿出五十万钱让他支配。

老兵先是花钱建造了一艘豪华大船，再招聘能歌善舞的美女、乐师百余人，然后开始收购各种绫罗绸缎、金银细软和珍宝奇玩，征募官兵百余人，按照拜访海外诸国的宴乐礼节演练一段时间后，这才扬帆渡海而去。

一年后，老兵率队满载而归。船上除了珍珠、犀角、香料、药材外，还有南宋将领们最缺的骏马。张俊自然高兴，问老兵怎么会拿回这么多财物。老兵介绍说：到海外诸国后，我自称宋使，拜谒了诸国皇帝，给他们送上厚礼，邀请他们观看我们的演出，对方提出以名马换美女、用珠犀香药换绫锦珍玩……张俊听了赞叹不已，给了老兵丰厚奖赏，并问愿不愿再去。老兵答：这次贸易真真假假，再去恐怕就要失败了，还是让我回

图1-24　《柳阁风帆图》　〔宋〕佚名　（故宫博物院藏）

家养老吧。

　　老兵的清醒和胆略让人佩服，而张俊一下拿出五十万钱给自称能做外贸的老兵，且不问如何使用，不担心其去而不归，大气魄大信任给了老兵极大激励，也给了他从容施展的巨大空间。这种放心、放手的气魄，是以过人的识人能力为前提的。

　　历史不是一条直线，人物不止一种形象。比如，说宋高宗赵构一点不想抗金，那是冤枉他了。岳飞夺回襄阳六郡，韩世忠黄天荡大捷，没有朝廷的物资和兵力支持，没有朝廷鼓励他们自己扩张军队，很难成功。无非是，赵构的抗金或议和，都是以不失权位为前提的。

金人兵强马壮，尤其岳飞被杀后，南宋再无得力大将，为什么金人却不长驱直入，反答应和南宋议和呢？有一个原因说来可笑：金人长于骑马，但不善舟楫。他们多次追击宋人后发现，根本无法抓住赵构：汉人有大船，能下海，赵氏家族不行就下海远遁，金人只能在岸边瞪着眼干着急。加上从黑龙江一路杀来，战线长，补给难，水土不服和生活不习惯，这才给了赵构一条生路。汉人远古时期就有的造船文明，不料成了赵构逃遁和求生的得力工具。

宋代这些历史片段，迂回曲折，声像变幻，其中缘由虽然复杂，但也可以粗略看出个大概——

人是世上最复杂的动物，这个复杂，不仅指内在的思想感情比较复杂，也指外在的爱憎、善恶、真假、进退等，也常呈现出多种表征。而这一切，又都要受到年龄、学识、环境、平台、利害以及不同阶段人生重大选择的影响。"低处纳百川"，人在江湖，可以听到各种声音，也比较真实；"高处不胜寒"，越往"上"走受到的各方面诱惑和制约越多，顾虑和面具自然也容易增多，何去何从，一由自便了。在这个意义上，白居易那首流传不算太广的哲理诗句，对后人看人评事，是一种提醒："试玉要烧三日满，辨材须待七年期。周公恐惧流言日，王莽谦恭未篡时。向使当初身便死，一生真伪复谁知？"

所以，评论时事切忌"一刀切"或"一边倒"，不可要么"好得很"要么"糟得很",这应是观史察今的基本方法,也是把握生活真实的基本思维方式。可惜,受制于种种习惯势力和环境影响,很多人常常要么满怀期望去塑造"神"一般的伟大,要么充满鄙夷去诅咒"鬼"一样的丑陋。过了一个时期,换了一种场景,遇到一个新机,再一百八十度转弯做出"重新评价",令人似乎恍然大悟,又有点悔不当初,更增添些许疑惑,后遗症其实已经在了。

然而,如果不具备宽容不同视角、允许不同声音的社会环境,要求所有人必须用同一个脑袋看问题,上述思维方式的局限和悲情,将永难消除。

第二篇

云水气节

为了防止"陈桥兵变"的重演，宋代君主制定了"重文抑武""不得杀士大夫及上书言事人"的祖宗家法，辅以鼓励平民子弟大批进入仕途的科举制度改革。宋代又始终面临北方民族的威胁侵扰，国运难料，国事艰难，这一切使"忠君报国""以天下为己任"的儒家思想得到极大张扬。宋代形成了士大夫直抒胸臆的宽仁环境，造就了一大批把节操、荣辱和名声看得很重的精神贵族。

宋韵文化的华彩乐章

这些年，我们对古代文化，特别是宋代文化的介绍多了起来。其中，物质文化的东西比较多，如古桥、古井、古塔、丝绸、茶叶、瓷器等，它们看得见，摸得着，实实在在，容易传播。精神文化的东西也不少，如书法、绘画、雕刻、诗词、歌赋、戏曲、小说等，这些也都有可见的载体。

但是，精神文化中那些看不见、摸不着，但起着灵魂性、塑造性作用的内容，我们给予的重视是很不够的。

什么是看不见、摸不着，但起着灵魂性、塑造性作用的精神文化呢？我国古代有很多大文豪，他们留下了很多脍炙人口的美妙诗文。但这些大文豪为什么能写出那些千古诗文呢？这些优美诗文，除了才气挥洒，还有什么在支撑？

比如说到范仲淹，人们马上会想到他的《岳阳楼记》，想到他"衔远山，吞长江，浩浩汤汤，横无际涯，朝晖夕阴，气象万千。此则岳阳楼之大观也"的恢宏叙写，还有最后那段"不以物喜，不以己悲；居庙堂之高则忧其民，处江湖之远则忧其君。是进亦忧，退亦忧。然则何时而乐耶？其必曰'先天下之忧而忧，后天下之乐而乐'乎"的经典议论。范仲淹在浙江睦州（今

杭州淳安）、杭州担任过知州和知府，在严子陵钓台下面主持
修建了严先生祠堂，并写下了《严先生祠堂记》，其中"云山
苍苍，江水泱泱，先生之风，山高水长"，成为千古传诵的名句。
他还留下了《潇洒桐庐郡十咏》。前两首是这样的：

> 潇洒桐庐郡，
> 乌龙山霭中。
> 使君无一事，
> 心共白云空。

　　诗意是：桐庐这个地方，怎么会有如此美妙潇洒的环境？
山雾缥缈，如梦如幻，让我心中没有一点杂念，整个融入了白
云天空之中。

图2-1　《富春山居图》（无用师卷）　〔元〕黄公望　（台北"故宫博物院"藏）

潇洒桐庐郡，

开轩即解颜。

劳生一何幸，

日日面青山。

　　诗意是：在这样美妙潇洒的地方，推窗就让人满心欢喜。哪怕终日辛劳也何其幸运啊！因为天天可以面对青山绿水，享受无限风光！

　　从《岳阳楼记》到《严先生祠堂记》，再到《潇洒桐庐郡十咏》——这些诗文都登高望远、气魄豪迈，读者明显能感到，诗人处在一种忘我的心境之中。范仲淹为什么能写下这样豪迈、旷达的千古名篇呢？显然，这不仅因为他腹有诗书气自华，而且在于他的阅历，在于他有松柏气节，有云水襟怀。

人的阅历，对其成长和性格形成意义重大。范仲淹从小随母亲改嫁到朱家，受尽寄人篱下之苦。入仕后曾奉命率军镇守延州，抵御西夏进犯，并培养出了狄青等一大批能征善战的武将；他曾多次上书，推动了著名的庆历新政。跳出他这些重大历史经历，几件小事，也很能反映出他的性格特征。

范仲淹调任杭州知府时，已经六十一岁了。当时遇到灾情，他巧妙调节物价，救民于水火，其"荒政三策"被宋廷写进赈灾条例，供全国效仿。他的子弟建议他在杭州购置田产，以利今后安享晚年，被范仲淹拒绝。他还出资在家乡购买了千亩良田，建立了范氏义庄，找贤人经营，收入分文不取，全用来接济范氏家族生活艰难的族人。

宋仁宗十九岁那年，母亲章献太后还把持着朝政。冬至，仁宗准备率领百官在会庆殿为太后祝寿。范仲淹认为这一做法混淆了家礼与国礼，上疏仁宗说："皇帝有事奉亲长之道，但没有为臣之礼；如果要尽孝心，于内宫行家人礼仪即可，若与百官朝拜太后，有损皇上威严。"劝仁宗放弃朝拜事宜。上疏没有获得答复。范仲淹又上书太后，不仅建议她放弃百官祝寿的安排，还请求她还政仁宗。奏书再次石沉大海。范仲淹的恩师晏殊（写"无可奈何花落去，似曾相识燕归来"的那位大诗人，当时是给宋仁宗讲《易经》的老师，也是向仁宗推荐范仲淹到京城为官的恩师）得知后，埋怨他过于轻率，不仅耽误自己的仕途，还会连累他人。范仲淹无法接受恩师的意见，很快回了一封长信《上资政晏侍郎书》，详述自己做法的缘由，申明自己的政治立场："侍奉皇上当危言危行，绝不逊言逊行、阿谀奉承，有益于朝廷社稷之事，必定秉公直言，虽有杀身之祸也在所不惜。"

　　有一年，江淮一带遭遇旱灾和蝗灾。范仲淹奏请皇帝，说应派人去赈灾。宋仁宗忙于政务，没有回应。范仲淹以心换心责问皇帝："如果宫中君臣半天吃不上饭，该如何是好？"仁宗无言以对，就派范仲淹去灾区赈灾安民。范仲淹每到一处就

图2-2　《山坡论道图》　〔宋〕佚名　（故宫博物院藏）

开仓放粮，减免茶役和盐赋，返京时还特意带上了一把灾民用来充饥的野草，请仁宗皇帝品尝一下，并建议皇帝给后宫贵戚们也看看，以此提醒宫中节俭度日。

范仲淹一生因为上书直言，在官场上曾四进四退。被贬到饶州后，梅尧臣给他写了《啄木》和《灵乌赋》——《啄木》旨在劝他不要像啄木鸟一样，啄了林中虫，却招来杀身祸；《灵乌赋》中说他在朝中批评的话太多，被人们当作不祥的乌鸦，劝他除了吃喝，平时把嘴巴闭住。范仲淹回了一首同样题目的《灵乌赋》给梅尧臣。他写道，无论如何都要坚持真理，"宁鸣而死，不默而生"——这句名言，和他的另一句名言"先天下之忧而忧，后天下之乐而乐"一样，在史书中得到了很高的评价，千古传诵。

这样看来，范仲淹不仅是位大文豪，也是一位大英雄，所以才能从内心喊出"先天下之忧而忧，后天下之乐而乐"的千古名句，才能面对古人高风亮节写出"云山苍苍，江水泱泱，先生之风，山高水长"这种高山仰止的千古奇文。

一个人的精神境界的高度，决定了他做人做事的高度和思想文化品位的高度。

宋代物质文化的遗存，当然要研究和传承，但毕竟今天的物质文明，已"往事越千年"。很多东西，可以欣赏而不必模仿，更不用勉强。让今人像宋人那样磨茶冲泡、用马尾刷牙、洒蔷薇水（香水）、化三白妆、贴金、盘金、吃水煮菜……，怕是无人乐意了。但宋代精神文化中那些追求精致生活却又讲究简约格调的品位，仍值得今天的人们好好体会；宋代士大夫身上那种打压不垮、愈挫愈勇的风骨和良心，则是宋韵文化中最华彩的乐章、最具灵魂的精神，也是现代中国人身上已经稀缺的，值得好好传承的文化瑰宝。

公道正派的动力

在崇尚仁义、讲求礼仪的宋代，有不少大局在胸、反求诸己的生动事例。

北宋名相王旦，一生胸襟宽广，包容他人，为朝廷拔擢了众多人才。宋真宗对王旦极其信赖，说："为朕致太平者，必斯人也！"王旦的同僚中，有一位与他同年参加科举考试、同年被录用，这个人，就是另一位北宋名臣寇准。作为宋真宗的股肱之臣，两人能尽心尽力合作共事，王旦起到了很大作用。

王旦任宰相时，多次向皇帝推荐寇准，称其为"奇才"，堪当大任。真宗说："卿常赞寇准之长，但准为何却专说卿之所短呢？"王旦坦然答道："臣居相位参与政事已久，难免留下疏漏，怪不得寇准说我。他能毫不隐瞒禀报陛下，可见其忠直坦荡，这也正是臣一再保荐寇准的原因。"真宗感受到了王旦的宽厚大度，更加器重他了。

王旦在中书省时有文件送枢密院，偶有不合格式的错误。寇准时任枢密院直学士，马上禀告了皇帝。王旦受到责问，中书省的堂吏也被责罚。后来，枢密院送到中书省的文件也出现不合诏令格式的问题，堂吏马上呈送王旦，认为有了"把柄"，建议王旦也状告寇准。王旦不理会，命堂吏把文件送回枢密院，请他们更正，并不上奏。寇准知道后惭愧不已。

　　寇准在枢密院时，曾求王旦推荐他为相。王旦惊诧道："将相重任，怎可求来？"认为国家重职只能靠才能获得。寇准心中不悦。后来皇上提拔寇准任节度使、同平章事。他入朝拜谢道："臣若不是承蒙陛下知遇提拔，哪有今日？"皇上将王旦一再

图2-3　《雪江归棹图》　〔宋〕佚名　（上海博物馆藏）

推荐之事告知，寇准更加惭愧，自觉德量不及王旦。

寇准担任镇守一方要职时，有一次过生日，大兴土木建造山棚，举办盛大庆祝宴会，因奢侈过度被人举报。皇帝怒问王旦："寇准办生日按皇帝的规格来，怎么可以这样？"王旦听了，以息事宁人的口吻缓缓答道："寇准有德，有才，有时也有点无知。"真宗明白了王旦的态度，说"我知道了，这正是他的无知"，便不再过问此事。

由于长期操劳，王旦不到六十就病重卧床。真宗问，今后谁可代替他做宰相，王旦还是坚持举荐了多次让自己"难堪"的寇准。他另外还推荐了十几个人，后来他们都成了宋代名臣。不计前嫌，心无芥蒂，真正惜才如命、唯才是举的宰相王旦，在处理和寇准及其他同事的关系上，显现出了非凡胸襟和旷达品质。

天圣七年（1029），范仲淹三十岁，此时他还是皇帝藏书阁中的小官"秘阁校理"，没有给皇帝上书言事的权力。当时仁宗年纪尚轻，朝中大权把持在刘太后手中。有一天刘太后提出，冬至临朝时，要皇帝率百官上贺。从仁宗到百官，对这一安排并无意见。熟读经书、心地无私的范仲淹听说后，感觉这样有失皇上尊严，上书反对：如果是让皇帝在宫内侍奉母亲行家礼，完全应该；如要让皇帝和百官共同朝拜太后，则有损为君之道，有损天下之主的尊严，给今后留下不好的先例。讲了此话他意犹未尽，进而一吐为快，提出刘太后应该放权，还政于皇帝。结果可想而知，范仲淹很快被刘太后贬到河中府（今山西永济市）当了一名通判。

过了几年，刘太后去世（1033 年），范仲淹受诏还朝，做了右司谏。有了这个言官的身份，范仲淹不改初衷，更方便、更直接地向皇帝进言了。随着刘太后势力的退去，很多言官开始抱怨太后听政时的种种弊端。曾被太后贬逐的范仲淹却对皇上劝言：太后承先帝遗命，养护皇上十余年，尽心尽责，人已去世，应当忽略她的小过失，维护太后的名望。而对刘太后要仁宗立杨氏为皇太后并参与国事的遗嘱，范仲淹表示了不同意见：自古从无因养育之恩代立为太后的做法，一个太后去世旋即另立太后，天下人会怀疑皇上须臾离不开母后辅助。仁宗觉得有理，既尊崇刘太后的声望，又把继立太后之事放在了一边。

庆历八年（1048），四十三岁的文彦博被提拔为同中书门下平章事、集贤院大学士，出任宰相。事过三年后，监察御史唐介连连上奏，弹劾文彦博，说他走"夫人路线"，用灯笼锦贿赂张贵妃才当上参知政事，弄得宋仁宗既尴尬又恼怒。无奈，宋仁宗将文彦博贬到许州、将唐介贬到春州以息事宁人。

在遭到唐介弹劾的前前后后，文彦博没有做任何辩解，真诚对皇上做了忏悔反省。至和二年（1055），宋仁宗思贤心切，起用文彦博为同中书门下平章事、昭文馆大学士，重新任命他为宰相。文彦博却上书宋仁宗说："唐某所言，正当臣罪。召臣未召唐某，臣不敢行。"请求宋仁宗也同时重新起用唐介。宋仁宗就把唐介提拔为潭州通判，随即复为监察御史。宋神宗熙宁元年（1068），唐介又被提升为参知政事，和宰相文彦博同为宰执大臣，两人相知为深，一直和谐共事。

在王旦、范仲淹和文彦博的故事里，没有惊天动地的情节，却有经天纬地的胸怀，没有十全十美的完人，却有追求完美的

图2-4 《梅竹聚禽图》 〔宋〕赵佶 （台北"故宫博物院"藏）

人格。

故事反映的是一千年前的古人风范，但给一千年后的今人留下了一道思考题：他们缘何可以如此公道正派、大肚能容？

惜才容人为国事。人都是有缺点的。作为宋代一位奇才，寇准一生坎坷，两次拜相两次被贬。但如果没有寇准力主澶渊退辽，宋真宗时期的国土、宋辽之间关系的历史，可能就要改写了。但寇准除了脾气不好口无遮拦之外，还有不守纲纪、爱提拔亲信等不少毛病。他能够在北宋时期成为名臣，辅佐朝政，离不开当时的宽松环境和像王旦这样惜才爱才的宰相的呵护。在珍惜人才、遴选官员问题上，王旦可谓忠心耿耿，煞费苦心。对要官的人，他不给好脸色，给的是不讲情面的冷峻面孔，为此受到一些人的造谣中伤。王旦死后，人们看到他生前的奏章，才知当时朝中大臣十有七八是他举荐上来的。古今中外，事情都要人去做，人才永远是稀缺资源。但人也是最难做到完美无缺的。当能摆脱私利从更大目标为人才短缺着急时，就可能排除很多恩恩怨怨，就不会计较因性格、直言带来的不快甚至"难堪"。在处理人和事时，就能做到不看世俗的环境，不管习惯的做法，有一种超越自我、俯瞰全局的人格高度。

评点是非重大局。人都不愿意自己孤立，都知道墙倒众人推的道理。但在一些关键时刻，生活中也经常需要有人挺身而出。范仲淹不忌刘太后权势直言其弊，众人攻击时又理性为太后说话，前面没有考虑自己，后面不是为了太后。他特立独行的所有动机，都来自心中更大的抱负和目标，就是为了让朝廷权威得到尊重，国家法度不受侵扰，未来国事能够顺达。"心中自有雄兵百万",哪里还有心思去计较个人恩怨得失呢?

知耻后勇为公明。从被弹劾、贬官到重新起用的过程看,文彦博算是明是非、知羞耻、有雅量之人。人非圣贤,难有不失。不怕有污点,就怕为了名利死不认错,为了面子死磕到底,进而挟私报复,落井下石。文彦博面对大臣弹劾自知理亏,不但不争辩,还坦言弹劾有属实之处,甚至为公平和今后从政环境计,为反对过自己的唐介的前途谏言……能做到这样,是古代仁义礼智信教化的深入人心,也是其知耻后勇的人格彰显。文彦博身上有一些缺陷,但他的雍容大度、正视自我和秉公论人,成为其能先后辅佐四任皇帝、高位善终的根源。

廉洁奉公的条件

宋代士大夫的气节，来自他们的信仰和追求，得益于宋代宽松的政治环境，还要归因于他们不慕钱财、洁身自好的情怀。

人称北宋宰相吕端做事"糊涂"，其中一个原因是他不置产业，不恤子孙。吕端不仅为官清廉，还常把俸禄分出去帮助他人。吕端去世后，他的两个儿子因生活困难，没钱结婚，只好把房产拿来抵押。宋真宗得知后有所触动，从皇宫支出了五百万钱把房产赎回来，又赏了一些金银和丝绸，替吕家还清了旧账。吕端历经太祖、太宗、真宗三朝，始终受到信任和称赞，固然与其内政外交上的政治才能有关，而为官清廉、心怀大志、专心治国，也是成就他美誉和功名的重要条件。

北宋开国名将曹彬，从小不爱钱财，心有大志。从军后，对于朝廷的赏赐从不独占，总是分给亲戚朋友。出任晋州兵马都监时，一次和主将、宾客们在野外围坐，遇到邻道守将派侍从快马前来送信。送信人不认识曹彬，下马问道："哪位是曹监军？"有人指了指，送信人认为对方是在开玩笑，笑着说："哪有皇亲国戚亲近大臣穿着黑色绨袍，坐着没有装饰的胡床的呢？"其实，那位穿着朴素、随意而坐的人，正是曹彬。

显德五年（958），曹彬出使吴越完成任务后，立刻班师还朝，不肯接受吴越国主的任何宴请和馈赠。吴越国主根据以往和后周交往的经验，以为曹彬是装装样子，就派人乘轻舟追送财物给他，曹彬仍不接受。送礼人再三劝说，曹彬说道："我最终拒绝你们，是为了保持一个洁身自爱的名声啊。"因最后无法谢绝，曹彬返京后，让人把财物一一登记，全部上交。

图2-5　《出水芙蓉图》　〔宋〕吴炳　（故宫博物院藏）

宋仁宗时，官场流行相互送礼。宰相包拯多次上书，请求皇上下诏，禁止官员之间送礼收礼。包拯六十大寿那年，寿辰将近，他知道送礼人会纷至沓来，就安排儿子包贵等人站在门口拒礼。不料，先送寿礼的竟是当朝皇帝派来的六宫司礼太监。太监在门外遇到包贵阻挡，便让他请包拯出来迎旨接礼。包贵为难，就请来人把送礼理由写在红纸上，答应转呈父亲。太监在红纸上写下一首诗："德高望重一品卿，日夜操劳似魏徵。今日皇上把礼送，拒礼门外理不通。"红纸送进去后，很快又被送出交给来使，原诗下边和了四句诗："铁面无私丹心忠，做官最怕叨念功。操劳为官分内事，拒礼为开廉洁风。"太监受到感动，带着礼物和红纸回宫去了。

王旦在宋真宗时，为相长达十二年之久。他做官清正廉明，行事戒骄抑奢，《续资治通鉴》记载：王旦病重时，真宗曾去他家探视，并赐给他亲自调制的药、薯蓣粥，又赐金五千两。王旦让家人如数奉还。他说："已慎多藏，况无所用，见欲散施，以息咎殃。"王旦全家居住的地方，比较简陋，很难想象那是当朝宰相的府邸。真宗想给他重新盖一座新房子，王旦总以现在居住的地方是"先人旧庐"为由，推辞不允。

宋代士大夫清廉为官的故事很多，都是小事，但很感人。他们不仅嘴上说，而且以身行，持久做。探究其中原委，有几点值得留意——

有高远目标，志不在钱财。宋代士大夫阶层，很多人出身普通百姓家庭，大都自幼发奋努力，饱读诗书。他们心系天下苍生，站在社会大义的制高点上，有极强的社会责任感，用心践行着对社会的理想和追求。他们中的很多人之所以"不爱"钱财，很大程度上是因为心有国家大事，也知为官如果贪财必然影响个人形象和治事业绩。不被物欲羁绊，不因私欲分心，为他们立下更大功勋、成就伟大业绩打下了基础。

有厌恶贪官和珍惜形象的强烈意识，不仅以身示范，并且昭示家人。包拯执法不避亲党，亲朋故旧的请托，他一概拒绝。史称其"衣服、器用、饮食如布衣时"。他曾留下遗嘱："后世子孙仕宦，有犯赃者，不得放归本家，死不得葬于大茔中。不从吾志，非吾子吾孙也。"意为：后世子孙中若有做官的贪赃枉法，生前不得让其进家门，死后也不许葬入包家的坟地。如不遵守我的遗训，就不能算我的子孙。

王旦不置田宅，认为："子孙当念自立，何必田宅，徒使争财为不义耳！"他自己平时生活俭朴，穿着朴素，"家人服饰稍过，即瞑目不视"。有一回，家人在市场上买了一条漂亮的玉带拿给他看，王旦让他把玉带系上，问道："还见佳否？"家人回曰："系之，安得自见！"王旦曰："自负重而使观者称好，无乃劳乎！亟还之。"让家人把玉带退了回去。

疾恶如仇，有与之抗争的强烈冲动。包拯在做御史中丞时，曾连续弹劾了乘人之危、骄奢淫逸的两个三司使——张方平和宋祁。仁宗连罢两任三司使后，深感要找一位廉洁自律的人执掌三司。经过权衡，他让包拯以枢密直学士的身份代理三司使。可是，"命下之日，外议喧然"，许多大臣认为这样会有"取而代之"之嫌。包拯却愉快地接受了这一任命，并一改旧制，使"民得无扰"，旋被正式任命为三司使。他曾先后弹劾宋仁

图2-6　《踏歌图》　〔宋〕马远　（故宫博物院藏）

宗最亲信的太监阎士良监守自盗，四弹皇亲郭承佑，六弹国戚张尧佐（宋仁宗宠妃张贵妃的伯父），七弹转运使王逵贪赃枉法……

　　有优厚俸禄，不必也不值得贪赃枉法。宋朝延续了前朝秩禄制度，按官或爵高低发放薪饷。宋代对官员薪俸之优厚及"关怀备至"，是前朝后代无法相比的。根据宋仁宗嘉祐年间颁布的《嘉祐禄令》的记载计算，包拯年薪合计为二万零八百五十六贯钱、二千三百六十石粮食及其他实物补贴。据史料，北宋时如无战乱，粮食价格一般是三百至五百文一石，绫、绢、罗、绵大致价格为一千六百文、一千二百文、四千文和八十五文一匹。综合算来，包拯的实际年收入远超两万贯。宋朝还建立了祠禄之制，官员定期疗养，费用由国家承担。由于待遇优厚，宋朝对年满七十的官员不再考核也不予升迁，但对自愿退休的官员反而加官晋级，并"荫补"其子孙，甚至优待其妻子，以鼓励官员们给新人腾出位置。

谏言不惧弃官

两宋时期，因忠君爱国而犯颜直谏、被贬出朝、报国无门，甚至晚景悲凉的士大夫，可谓前仆后继，难以尽数，令人惊叹！

曾在北宋年间担任过睦州、杭州知州的范仲淹，在杭州留下了严先生祠和千古传诵的"云山苍苍，江水泱泱，先生之风，山高水长"的名句，留下了《潇洒桐庐郡十咏》《出守桐庐道中十绝》《和章岷推官同登承天寺竹阁》等山水诗文，留下了救灾济民"荒政三策"（被宋廷写进赈灾条例）的创举。

也就是这位范仲淹，一生因为上书直言，曾四进四退而"不知悔改"。明道二年（1033）七月，江淮、京东一带遭遇旱灾和蝗灾。中书省右司谏范仲淹奏请皇帝，应派人去赈灾，宋仁宗忙于政务没有回应。范仲淹以心换心责问皇帝："如果宫中君臣半天吃不上饭，该如何是好？"仁宗无言以对，就派范仲淹到灾区去赈灾安民。范仲淹每到一处就开仓放粮，减免茶役和盐赋，返京时还特意带上了一把灾民用来充饥的野草，请仁宗皇帝尝尝，并请皇帝展示给后宫贵戚，以此警示宫中节俭度日。面对北宋诸多顽疾，范仲淹发起"庆历新政"，力推改革，终因新政受挫再贬出京，在扶疾赴任途中溘然逝世，享年六十四岁。范仲淹"先天下之忧而忧，后天下之乐而乐"的千古名句，正是他不计个人安危、一生忧国忧民的写照。

南宋时，高宗赵构派人出使金国求和。金国满口答应，但要求宋廷向金称臣。多数文武朝臣闻之愤怒，反对声四起。宋朝重文轻武，赵构对岳飞、韩世忠等武将的意见一直敷衍。但面对文官的谏言，他不得不派宰相秦桧去做说服工作。秦桧在

图2-7 《松下曳杖图》 〔宋〕许道宁 （台北"故宫博物院"藏）

与主战派文臣的较量中，罢免了礼部几位主战派的官员，结果矛盾被激化。以吏部尚书张焘为首，吏、兵、刑、礼四部集体请辞，以表强烈抗议。监察御史方廷实在给赵构上书中愤然写道："夫天下者，祖宗之天下也；陛下所居之位，祖宗之位也。奈何以祖宗之天下为犬戎之天下，以祖宗之位为犬戎藩臣之位？"他直接提出"天下不是皇上个人的天下，是先辈留下的群臣和万民的天下"的国体问题，正面问责赵构："怎么能拿着祖宗基业去换做金人儿皇帝？"右通直郎、枢密院编修官胡铨上书高宗："我与秦桧等人不共戴天，希望能将秦桧等三人斩首，兴兵北上讨伐金国。否则我宁愿赴海而死，也不愿意在这个小朝廷苟且偷生。"矛头直指当时红得发紫的权相秦桧。很快胡铨被远贬广州监管盐仓，再后被除名（开除公务员）发送新州（今广东新兴）管制。胡铨获罪后，士大夫张元幹不惧权势填词《贺新郎·送胡邦衡待制》相送，词出不胫而走，天下传抄。张元幹也被秦桧打入牢狱，抄家除名，最后客死他乡。

今天人们头脑中都有了一个认知：制度更根本，环境改变人。这是经过无数痛苦教训得来的真理。但真理总是具体的。制度更根本这个真理，并没有回答一直缠绕在人们心头的一个疑惑：完美的制度从何方来？理想的环境由谁创造？古往今来，制度、环境（这里重点指人文环境）这类人类文明成果，哪个不是靠着人的精神追求和理念执守，经过无数艰难曲折和卓越努力，才有所进步的呢？

寇准"大忠"面面观

寇准作为北宋著名的政治家和忠臣，已经留名青史。不过，稍微多了解些寇准为人、治事方式的人，对这位"忠臣"，也许会有点新的思考。

让后人给寇准戴上"大忠"桂冠的，史书中有几件典型事例。

第一件，"扯衣服"事件。《宋史》记载："寇准尝奏事殿中，语不合，帝怒起，准辄引帝衣，令帝复坐，事决乃退。上由是嘉之，曰：'朕得寇准，犹文皇之得魏徵也。'"寇准曾在朝上商量政事时，和宋太宗发生争执。太宗一时不悦想退朝，寇准竟拉着太宗衣服让其重新坐下，继续口无遮拦进谏，事毕才放其退朝。太宗后来夸奖寇准，说："我有寇准，就像唐太宗有魏徵。"这种评价，嘉许了寇准忠心，张扬了自家雅量。

第二件，批评"刑法不公"。淳化二年（991）春，大旱，太宗召大臣征询治国得失，众臣都说旱灾乃天命，无法改变。寇准却说："天道和人道互相感应。大旱出现大概是刑法不公正。"太宗听了大怒，转身回到后宫，很快又召寇准问其何意。寇准说："把中书省和枢密院的大臣召来，我就说。"大臣被召来后，寇准说："前段时间祖吉、王淮都犯了贪赃枉法之罪，祖吉贪污不多被判死刑，王淮因是参知政事王沔之弟，虽贪污国家财产高达上千万，却只处以杖脊之刑，还恢复了他的官职，这不是不公平又是什么？"太宗责问王沔怎么回事，王沔叩首认罪。太宗于是严厉惩罚了王沔，同时也明白寇准是位值得重用的人才，任命他为左谏议大夫、枢密副使，改同知枢密院事。

第三件，"立储君"对话。一次太宗召寇准问话："我的儿子里，谁可继承皇位？"这是个风险极大的问题。说具体了，不知圣上何意，还可能让皇帝产生戒心；说错了，新皇登基不会给自己好果子吃。寇准倒也不含糊，一番神劝告："您为国家选择接班人，不可问后宫、宦官，也不宜问及身边近臣。陛下只要选择真正治理国家的人才就可以了。"在立太子这种讳莫如深的对话中，寇准放弃推荐权，只提原则性建议，既表明了自己的态度，也不会让皇帝多疑。这个回答让"帝俯首久之"。他让宫中左右退下后又问："襄王（赵恒）可以吗？"寇准道："知子莫若父，圣上既然认为可以，希望就做决定。"这番充满机锋的对话，既避免了贸然推荐的风险，也曲折达成了君臣共识，确定了宋真宗赵恒的皇位。寇准有了拥立之功，这也为他在真宗朝"左右天子"埋下了伏笔。

第四件，力主"御驾亲征"。景德元年（1004）九月，契丹人南下，"围瀛州，直犯贝、魏，中外震骇"。大敌当前，真宗本想南巡避祸，寇准力主皇上"御驾亲征"。途中又有人进言南逃。真宗问寇准："南巡何如？"寇准回道："群臣望风丧胆，说话如妇人之言。现在已临近敌寇，陛下只能大步进，不能小步退，哪怕稍退几步，就会大军溃散，给敌人乘势追击的机会，我们就会连金陵也到不了了。"寇准的话没有马上奏效，"上意未决"。寇准退出后，遇到殿前都指挥使高琼，便说："太尉您深受国恩，拿什么报效国家？"高琼答："我是军人，诚愿效死。"于是高琼随同寇准入宫。寇准道："如果陛下认为臣说得不对，何不问一下高琼等人？"说完继续慷慨陈词。高琼附和道："寇准说得很有道理。随驾将士的父母妻子都在京师，一定不肯弃而南行。倘若南巡，恐中途生变，恳请陛下尽快赶赴澶州，我们必将效死尽忠，敌军阵营定能被破。"身边侍卫王应昌也说：陛下奉天命讨伐辽人，必定攻无不克。如果拖延不进，敌人气势反而会增大。史载"上意遂决"。谁知真宗到了临近濮阳的黄河岸边时，再一次心生退意。寇准斜着眼睛示意高琼，让他驱赶士兵抢先下水前进，自己牵拉着皇上的坐骑

图2-8　《秀石疏林图》　〔元〕赵孟頫　（故宫博物院藏）

强行渡河。宋朝最终在澶州与辽国签订了"澶渊之盟"，用岁币、绢匹为宋朝换回了百年和平。后来范仲淹评价此事："寇莱公澶渊之役，而能左右天子，不动如山，天下谓之大忠。"王安石则说："欢盟从此至今日，丞相莱公功第一。"

为了江山不顾皇上尊严，为了国家想尽各种招数，寇准的"大忠"，在骨子里不在表面，看结果不究细节。

当然，这样的为臣做派，是有前提的。培育直言环境，追求真实忠诚，是其生存的必要土壤。寇准恰好生活在那个时代，被皇上信任和恩宠，甚至成为一位权力无边、炙手可热的宰相，是他的幸运，也是他的悲哀。

史料中，有不少寇准与同僚"关系不和"的记载：寇准和知院张逊多次在皇上面前发生争执。一次，寇准和知院温仲舒走在一起，路上突然有人迎面高呼万岁。这一幕被判左金吾王宾看到，他将此事告诉了与寇准不和的张逊，张逊就把此事禀奏了皇上。太宗召寇准问话，寇准与张逊两人各自找证人当堂争论，还公然互揭对方之短，吵得不可开交。太宗一怒之下，把二人都贬出了京城。遇事喜欢争个长短，喜欢"说了算"，这一性格在随后的"冯拯提升事件"中，导致了寇准在太宗朝的第二次贬谪。

性格影响命运。至道三年（997）真宗继位时，寇准还被贬谪在邓州。真宗有心起用这位有拥立之功的大臣，无奈寇准人际关系实在太差，和真宗朝初期的两个宰相张齐贤、吕端都不对付。不少人反映，寇准"性格偏激"，真宗的多次提议，被台谏挡了回去。直到景德元年（1004）宰相李沆突然病逝，朝廷实在无人可选时，寇准才有机会重入朝廷。因寇准和宰相王钦若素有不和，王钦若在真宗面前一顿挖苦挑拨，即使"澶渊之盟"寇准有功，也让寇准在皇上面前的形象受到挫伤。

寇准一生忠君爱国，坦荡为人，但恩宠、威望和率性性格，也使他经常无意中得罪同僚。寇准的死对头丁谓，原来在寇准门下任职直至参知政事。寇准多次向宰相李沆推荐过丁谓，丁谓对寇准也一直很恭敬。一次在中书省共餐，寇准胡须上沾了菜汤，丁谓就躬身为寇准擦拭胡子。寇准不但不领情，反而讥笑道："参知政事是国家栋梁，怎可为长官擦胡须？"弄得丁谓在众人面前十分尴尬。宋代文人都有脾气，丁谓从此疏远寇准，并怀恨在心，后来成为倒寇派的主力。寇准在做枢密使时，看不起武将出身的枢密副使曹利用。两人讨论事情出现意见不合时，寇准总是讥讽："君一武夫耳，岂解此国家大体！"终于和曹利用也结下梁子，曹后来找机会和丁谓合谋，扳倒了寇准。

宋朝官制规定，负责监察的御史人选，不得由与宰相有关系的人担任，更不允许宰相插手御史的选拔或推荐。宰相和御史台官员关系紧张，属于制度设计的题中之义。寇准大权在握后，偏偏不理这一套。史载："准在中书，喜用寒峻，每御史阙，辄取敢言之士。"提拔寒门子弟本没有错，但以宰相身份直接干预御史台官员的擢升，相当于宰相带头破坏了宋代选官体系，御史台官员如果成了宰相的亲信，这个官职不就成摆设了吗？

不仅如此，在历史记载中，寇准喜欢边饮酒边看跳舞，特别喜欢至少要二十四人才能完成的《柘枝舞》，请舞女的钱、跳完后的赏钱、宴请宾客的钱等，花销如流水，使寇准成了当时官员奢靡的典型。司马光就曾拿寇准的奢华生活做反面例子教育子女。《寇准传》中，记载了真宗要去泰山封禅，寇准为了东山再起，违心上疏希望"从封泰山"，陪同皇帝封禅；记载了寇准"用人不以次，同列颇不悦""准素所喜者多得台省清要官，所恶不及知者退序进之"等任人唯亲的实例。王旦接替寇准为相时，宋真宗曾对王旦坦言："寇准多许人官，以为己恩。俟行，当深戒之。"

中国有"为尊者讳"的文化传统。既然认定寇准是一位大忠臣，他的所有缺陷，就都被善良的人们在传记、传说、影视剧中隐去了。人物形象倒是光鲜了很多，但曾经的为人缺憾、碰过的钉子、可以给后人的警示等，也都被隐去了。

寇准作为一个大忠臣，不以一眚掩大德，当然值得后人尊崇和学习。而他身上被隐去的那些不足，对后人也有借鉴意义——

比如，水有波纹才生动，山有峡谷显奇峰。天下没有浑身都是优点的圣人，人非完人才为人。我们民族的思维方式里，习惯把正面人物形象打扫得锃亮溜光，甚至不惜"神化"歌颂的对象，虽然这暂时使人物显得更加光彩，但违反常人生活规律的刻意掩饰，到头来，随着真相的迟早披露，反而使正面形象的本来光彩受到伤害，使人们对已有信念产生怀疑，实在是弄巧成拙。这种思维和行事方式，道理简单却很难调整的原因，要么本身就是抱着暂时心理，追求短期行为，今后事让后人兜着吧，要么就是侥幸心理，靠藏着掖着封锁信息，自以为能永远瞒天过海。

再如，权力是把"双刃剑"，权威让人"一根筋"。如果再加上寇准过于争强好胜、不顾他人感受的个性，位高权重对于有性格缺陷的人的"侵蚀"作用，就更是雪上加霜了。世人多少都有点权力崇拜，权力确实也是一件利器，但寇准这样一位贤德之人，就是因为权力的绑架，后来变得目中无人、花天酒地，进而为了权力任人唯亲、曲意逢迎。权力这东西，如不有所警惕，真的很容易被其俘虏。

图2-9　《层楼春眺图》　〔宋〕佚名　（故宫博物院藏）

又如，寇准那样一位忠心耿耿、敢作敢为、功勋卓著的宰相，怎么就会被朝廷一贬再贬、客死他乡呢？王钦若、丁谓等人的奸诈和谗言固然是原因，可寇准的不拘小节、缺乏自律，实际上给小人陷害自己创造了机会。从社会角度看，宽容他人弱点是美德；从个人追求说，不要让自己出现大的闪失是护身之法。小人不会把坏心思写在脸上，何况寇准是一位耿直坦荡、不善自谋的人。很多时候，百分之九十九的努力，百分之九十九的贡献，就毁在那百分之一的个人闪失上。有些闪失，社会不会原谅，只能自己扛着。

"直声动天下"的真御史唐介

　　古代士大夫要做到执政为民，在朝廷、同僚、上下级等复杂关系环境下，常常遇到一些难题。

　　北宋著名谏臣唐介，祖辈在五代吴越国为官，世居钱塘（今杭州）。他历经宋仁宗、英宗、神宗三朝，无论是做县令，或是当御史，始终保持着不避权贵、体恤苍生的本色。因刚正不阿，为官清廉，官至参知政事（副宰相）；因不畏权臣，弹劾奸佞，赢得了"真御史""直声动天下"的美名。《宋史》评价他："介敢言，声动天下，斯古遗直也。"

　　唐介任平江县令时，县里有一个姓李的富豪，被官吏勒索无果，于是被诬其杀人祭鬼，不仅自己锒铛入狱，岳州太守还让人把李财主一家老小都抓了进去。富豪在重刑拷打下，依然拒不承认罪名。太守便派唐介再审。唐介明知太守很"关心"这个案子，还是重新认真调看了案卷。理清案情后，唐介认为证据不足，需要改判。岳州太守大怒。朝廷派御史方偕同下来重审，结论和唐介的审理一样。岳州太守和手下官员被朝廷处罚。

　　唐介调任莫州任丘县（今河北境内）县令时，靠近县城西边的湖泊年年泛滥，毁坏民田，百姓苦不堪言。负责的宦官杨怀敏想要划出十一村蓄水，唐介认为那样很多老百姓会失去家园，背井离乡，代价太大。他亲自组织力量筑堤治湖，水患得到平息，他也被百姓称道。

德州转运使崔峄要求唐介把府库里的绢绸提高价格，出售给百姓。唐介看不惯这种蝇营狗苟的做法，于是"留牒不下"，没有执行。崔峄恼了，多次派人送公文责问和催促唐介，唐介干脆直接向安抚司报告了此事，得到了朝廷派驻大臣的支持。崔峄不得不收回成命。

唐介任职的任丘县，当时是宋、辽两国使臣来往的必经之路。朝廷在任丘县干道边设有驿站，为使者提供食宿。唐介了解到驿站小吏们的一个困难：辽国使臣每次使宋路过，都要这要那，勒索无度，驿吏们不敢得罪，划拨的经费又不够用，只好自己贴钱，家庭生计成了问题。唐介听后很生气，在辽使再过任丘县驿站时，搬把椅子亲自坐在驿站门口，公开传令："不是规定该给的一律不给。哪怕稍微减损朝廷一点财产，都给我抓起

图2-10 《山水十二景图》（局部） 〔宋〕夏圭
（美国纳尔逊·阿特金斯艺术博物馆藏）

来！"辽使一看新县令摆出的阵势，只好啥要求都不提，继续赶路了。

仁宗明道年间，唐介先后任监察御史里行和殿中侍御史。他看到皇家寺庙启圣院新造的"龙凤车"，用珠宝美玉装饰，极尽奢华，便进言说："这里是放太宗牌位的地方，不可喧闹冒犯；后宫珍稀奢侈的器具，也不应超出制度规定。"仁宗认为唐介说得在理，马上下令毁了龙凤车。

仁宗的宠妃张贵妃（后追封为温成皇后）的伯父张尧佐，凭借张贵妃的关系一下担任了宣徽使、节度使、三司使、景灵使等四个重要官职。包拯和唐介、吴奎等人劝谏皇上。仁宗无奈，先削去张尧佐的宣徽使、景灵使两职，不久后又给张尧佐增加了两个官职。唐介和同僚商量应该再谏，见无回应，就独自一人再奏皇上。仁宗推说"任命提议出自中书省"，唐介趁机当场弹劾宰相文彦博，说他在蜀州做郡守时用织金锦缎打通后宫，谋取官位，认为重用张尧佐是结党营私，请求皇上罢免其宰相职务。因谏言涉及张贵妃，宋仁宗大怒，推开唐介的奏疏不看，还气呼呼地说要把他贬到边疆。唐介神情自若，缓缓把奏疏读完后说："我因忠心而激愤谏言，哪怕对我处以烹刑都不回避，贬谪边疆有什么可推辞的呢？"仁宗这才息怒。唐介却不罢休，又当面责问文彦博："你应当反省，如有此事不能隐瞒。"文彦博拜倒在地，连连谢罪，皇上怒火又起。很快，唐介被贬到春州，后改贬英州，同时仁宗也罢免了文彦博的宰相职位。唐介离开京都那天，朝中很多官员为他送行。宋代词人李师中赠诗曰："去国一身轻似叶，高名千古重如山。并游英俊颜何厚，未死奸谀骨已寒。"仁宗后又醒悟，起用了唐介。唐介的忠直名声，闻达于朝野。

唐介被贬潭州（今长沙一带）时，发生过一件事情。有个商人搞到一批著名的南海珍珠，被官府截获和没收。潭州官府从太守到下属都对珍珠爱不释手，便以低价购入，瓜分了珍珠。潭州官员私分珍珠一案报到朝廷后，宋仁宗还没细看报告，就对身边人说："唐介一定不会买的。"案情报告公开后，果然没有唐介的事。宋仁宗感念唐介的为人，便又把他召回朝中。后来英宗、神宗继位后，都重用了这位直臣。唐介后官至参知政事（副宰相）。六十岁病重时，宋神宗前往探望；去世后，神宗还亲自到场悼念。

唐介一生为官，和他的名字一样，光明正大，耿介正直。虽几度沉浮，但气节至死不变，始终秉公自持，给后人留下了许多值得继承的精神遗产。

"维系关系"以"坚守原则"为底线。中国是人情社会，搞好左右联络，维系上下关系，是浸透在儒学骨子里、祖训家风中的核心内容。但唐介的官场行为告诉人们：生活中有比维系关系更重要的底线，生命里有比规避风险更要紧的追求。一般来说，良好的人际环境是事业成功的基本条件。但凡事最怕顶真一问：如果为了维系关系就放弃原则，不讲是非，丢了规矩，事业成功就成了一种随风飘荡的"幌子"，幌子里面包裹的，其实是个人明哲保身、不受损失的"自助餐"。这也是我们身边很多问题久治不绝、正气难以弘扬的主体症结。也正因此，古今中外那些不肯苟且、不愿低头、死守底线的人，才令人肃然起敬，值得后世学习。

"不得罪人"以"履职尽责"为前提。上下互动、同僚共事、官民相处等，和谐共存当然好，那样心不累，人好处，事好办。可惜人的类型、品位和能力总有差异，想不到一个点、走不出同样步是常态。这就使每个人在生活中，经常遇到是"照章办事"还是"不得罪人"的选择。照章办事难免会得罪人，把人得罪光了，肯定没法履职尽责；想不得罪人，面面俱到，则有办不成事的

图2-11 《峻岭溪桥图》 〔宋〕佚名 （辽宁省博物馆藏）

风险。但这也从反面说明，履职尽责与人际关系，前者是目的，后者是手段；前者是职业目标，后者是履职条件之一。涉及个人面子、一己名利、相互误解等，相逢一笑泯恩仇有利于维系同事关系。但当涉及履职尽责中的规章条例、他人权益、民众疾苦、大是大非等问题时，如果为了某种"关系"也得过且过、息事宁人，比如唐介如果当谏官不指出问题，做县令不为民分忧，见冤案不伸张正义，遇上命不据实陈述，凡事只求不得罪人，尸位素餐，百姓就会因为他醉心编织"关系网"而遭殃。在这个意义上，评价为政者为什么不能只看"关系"更要看政绩，对一些人的"高票"要有所分析，道理就在于此。

"曲高和寡"以"洁身自好"为支撑。古今中外，都有一些集体贪腐的"窝案"现象。到了一定位子，似乎不想同流合污也难。有人还举出"行高于人，众必非之""木秀于林，风必摧之""水至清则无鱼，人至察则无徒"等老话，作为放弃原则、随波逐流行为的托词。其实，历代流传下来的一些"俗语"，只是一种"客观"概括、一种"现象"描摹，对于生活的启示意义，需要后人在鉴别中分析把握。比如"马善被人骑，人善被人欺"的比喻，可以理解成"不能软弱可欺"，也可以理解成"人不能太善良"，显然前者才是经得起推敲的选择。如果把"行高于人，众必非之"作为随波逐流的托词，那该怎么理解自己曾经谈论过、赞赏过的各位英雄豪杰？又该怎样面对历代洁身自好、舍生取义的志士仁人？比喻总是跛脚的，生活中的选择，才最见真实。

当然，赵匡胤留下的治国祖训，宋代一些皇帝的相对开明，也是唐介等士大夫的作用能有效发挥的重要环境因素。元朝丞相脱脱认为：唐介直言敢谏，带动风气，不逊色于唐代的魏徵。他在自己编写的《宋史》中分析道："唐太宗之于魏徵，心中始终存有芥蒂，不能善终。而宋仁宗之于唐介，却能够始终如一，诚盛德之主也。"他对宋仁宗的大度能容、诚信纳谏，给予了超越李世民的评价。这，也值得后人，特别是手握重权的"一把手"们深思。

吕端的"糊涂"

在北宋初年的宰相中，吕端没有同为宰相的赵普、寇准等名气大。但他历经宋太祖、太宗、真宗三朝，并且一生顺达，得以善终。这，和他大肚能容、大智若愚、大事果断的智慧有关。

吕端早年在开封府做判官，主管京城治安。国家法令规定，不得私卖陕甘地区巨木，一些皇亲国戚还是在悄悄地倒卖，吕端的顶头上司、开封府尹赵廷美也参与其中。太宗不想和四弟撕破脸皮，结果将吕端以"失职"罪名贬到商州，管理户籍去了。凭着在商州做出的新政绩，吕端重新被召入京，又去辅佐时任开封府尹的二皇子赵元僖。后来太宗发现赵元僖结交军中大将，图谋不轨，对开封府所有官员展开调查。还是因对儿子心有袒护，太宗竟又怪罪吕端等人没辅佐好皇子，再次将其贬谪，给了管理祭祀、朝会仪仗帷幕的闲职。——两次当了"替罪羊"的吕端，没有为自己辩解，默默接受了。一些人嘲笑他做人糊涂，不会喊冤。

太平兴国七年（982），党项人李继迁叛宋后，在西北边境和宋军战事不断。雍熙元年（984）九月，宋军夜袭李继迁营地，抓获了李继迁的母亲和妻子。消息报到朝廷，太宗和枢密副使

图2-12 《梅溪放艇图》 传〔宋〕马远 （故宫博物院藏）

寇准商量，准备在边境上张张扬扬地把老太太杀掉，以警示与朝廷作对的叛军。时任宰相吕端得知后，让寇准暂缓处理，拜见太宗道："当年楚汉相争项羽抓了刘邦父母，也是要把他们在阵前用锅烹煮。刘邦闻之道，你们烹煮时，请分我一杯肉汤喝。天下枭雄善做大事，不会优柔寡断顾及父母，何况李继迁这种有野心的人呢？今天您杀了老太太，明天就能捉住李继迁吗？

捉不住只能结下更深怨仇，更坚定他的反叛之心啊！"太宗问该怎么办，吕端说："在延州（今陕西延安）好好安置老太太，对李继迁实行攻心战，就算不能招降，其母在我股掌之中，也可争取主动。"太宗连连说好："多亏了爱卿，否则几乎误了大事！"——两军对垒，分外眼红。因为领土遭难，官兵受损，加上李继迁是个叛贼，用对方亲眷祭旗震敌，是一种义愤驱使的自然选择。吕端却似乎糊涂得敌我不分，不建议用这种痛快方式，还引经据典，认为没有效用。后来，李继迁攻打吐蕃时中箭身亡，他的儿子李德明继位，纳款请命，向宋请和。吕端宽厚善待敌方眷属的智慧，收到了效果。

雍熙三年（986）宋太宗率军北伐，让四弟赵廷美（开封府尹）留守京城。赵廷美一时恩宠有加，自然高兴。判官吕端却对赵廷美说："主上栉风沐雨，吊民伐罪，历尽艰辛。您作为主上最亲近的人，应主动上表跟随左右。留守都城不合适。"话说得含蓄，却在提醒顶头上司：皇上在外打仗，您不应安安稳稳地留在京城，要想得到皇上的信任，就应上表跟随出征，让您留守京城未必就是一种信任。赵廷美听劝，立刻上奏请随，宋太宗自然高兴。——部下这样思考问题和提出建议，需要有对上司的真诚呵护，有对皇上心理的准确把握，有条分缕析的说服能力，有舍生取义的风险担当。其中，也包含着吕端对上层复杂微妙关系的深刻洞察力和政治敏锐度。一般说"伴君如伴虎"，但吕端善于细致观察、把握大局和委婉表达，劝说不仅很成功，而且太宗后来得知是吕端提的建议，对他的印象就更好了。

　　吕端官居参知政事（副宰相）后，一次他从百官前面走过，有个小官悄悄议论道：这人怎么也当上副宰相了？吕端的随从听到后愤愤不平，准备去查一下那人姓甚名谁。吕端制止道："不要问，问了他肯定得说。说了我就知道了他的名字。公然贬低我的人，我很难忘掉名字。我不会刻意报复，但万一今后他有事撞到我手上，我想做到公正对待就难了。还是不知道为好。"——乍一看，吕端确实是"小事"不计较，难得糊涂。但再想一下，其实这是一种自知和知人之明：听到议论是面子过不去，知不知那人名字，"诋毁"也已经存在了。哪个人前不被说，哪个人后不说人呢？人都有喜怒爱憎，宰相又需珍惜形象、秉公处事。不去打听那人姓甚名谁，既不失大国宰相风范，又少了心中不快，还免了日后挟怨报复、自毁形象的风险。吕端这番思虑，哪里是"小事糊涂"，分明是大处聪明啊。无非一般人很难这样去想，即使明白了他的这种大智慧，也比较难做到像他那样去想去做罢了。

　　997 年，太宗病危。吕端陪着太子（后来的宋真宗）到太宗床前探望。宦官王继恩担心太子继位对自己不利，和李皇后商量，串通参知政事李昌龄、殿前都指挥使（掌管御林军）李继勋等人，准备拥立已被废为庶人的大皇子赵元佐。太宗这边刚驾崩，皇后那边马上派王继恩召见吕端。吕端对他们的联络已有耳闻，听到皇后召见，设法把王继恩软禁在自家书房，然后坦然入宫。皇后提出立赵元佐为帝，吕端不软不硬地说："先帝在时已立了太子，我们怎么能不听他的话呢？"由于主谋王继恩不在身边，皇后一时不知该怎么回答。吕端马上率领大臣共同保太子继位。真宗在大殿垂帘接受群臣朝拜时，吕端站着一动不动，要求礼官把御座前面的帘子掀起，确认龙椅上的确是宋真宗赵恒后，才下跪行礼。——在废立皇上这件大事上，吕端一反常态，不那么宽仁、不那么好说话了。相反，他千般小心，万分谨慎，不仅积极打听皇后动向，而且当机立断把主事人控制住，然后明明白白给皇后个软钉子，马上推举新皇即位，还生怕宫中再发生变故，不肯下跪，要求"卷帘子"看人，再后来，他把王继恩等谋乱逆臣发配外地——一系列操作大处着眼，细处入手，合情合理，滴水不漏，确保了政权稳固。

官场如战场。尽管吕端在相位上尽心履职，终究还是遭奸臣陷害，被贬还乡为民。他回到家乡时，官绅上门拜访，重金厚礼相赠。吕端没有高兴，相反"糊涂"地当众实告："我这是被贬还乡了。"现场官绅面面相觑，竟然把带来的礼品悉数拿走了。后来皇上派御史下诏恢复吕端宰相之职，当地官绅又都厚着脸皮来到吕端家中，百般奉承。书童看不下去，想赶他们出去，吕端说："前面我不是宰相了，他们的做法可以理解。现在我又官复原位，应该造福乡里。乡里乡亲，互相帮衬才是。"——官场的成功和危难的化解，与他平日待人、待客有相通之处。祸兮福所倚，福兮祸所伏。谁能料定下一轮回是怎么回事？设身处地，将心比心，"糊涂"一点，宽厚待人，就能化敌为友、化险为夷。

吕端一生经历了三代帝王，在能人辈出的北宋王朝，在四十年的宦海沉浮中，因得到皇帝信任发挥了重要作用，并且没有受到什么大的冲击，这在中国古代封建王朝中，实不多见。宋太宗当年打算提拔吕端为宰相，一些反对者说他做人"太糊涂"。宋太宗道："吕端小事糊涂，大事不糊涂。"其实稍微想一想，大事上能做到清醒，小事上的"糊涂"，就未必是真糊涂了——

吕端的小事"糊涂"，是一种"宰相肚里能撑船"的雅量。他两次被贬，都是受直属上司的牵连。危难时刻，他不解释，不推诿，大肚能容，把委屈咽进肚里。吕端这边用委屈撑大了胸怀，太宗那边看到了一位顾全大局、忠心侍主的忠臣，这成为太宗对其委以重任、吕端后来诸事顺利的重要原因。

吕端的小事"糊涂"，为他赢得了共治天下的良好人际环境。吕端任参知政事后，比他年轻二十多岁的寇准随后也被任命为参知政事。吕端主动提出自己年纪大了（其实不到六十岁），请求位居寇准之下。吕端被贬，朝中大臣纷纷向宋太宗求情。寇准进言道："吕端才识卓异，堪当大任，年纪也不小了，陛下最好早重用他。"吕端升任宰相后，考虑和寇准同为宰执，自己先居相位，寇准内心恐不平衡，如不服气会误了朝政大事，就奏请宋太宗让他俩轮流坐班，同升政事堂，太宗同意了。经过对两人的观察，宋太宗认为吕端更为稳重，传旨"自今中书事必经吕端详酌，乃得闻奏"，也就是要求大事均由吕端斟酌后再上奏，吕端却总是对寇准谦让有加，从不专断。名臣赵普在做宰相时就曾对吕端的为人处世倍加赞赏："我见吕公奏事，得到皇上的嘉许，看不见他显出得意；受到别人的挫抑也看不见他显出沮丧。他喜怒不形于言色，真是做宰相的人才啊！"正因如此，宋太宗对吕端的倚重超过了一般执政大臣，常在宫中单独召见他，并且一谈就是很长时间。

图2-13 《太液荷风图》 〔宋〕冯大有 （台北"故宫博物院"藏）

　　吕端的小事"糊涂"，不过是他为人宽厚，志在大局，不计个人恩怨的一种风格。换个说法，"大事不糊涂"，是以"小事"的貌似"糊涂"为前提的。吕端在小事上的"糊涂"，给他在大局、大节问题上毫不含糊准备了人格、威望、精力和魄力上的充分条件。这种糊涂与不糊涂的矛盾，暗含着一种逻辑关系：在事关个人权、利、名的问题上如能"糊涂一时"，就能超越自我不受干扰，在大局大节上"聪明一世"。

在大事和小事、大糊涂和小糊涂、大聪明和小聪明问题上，宋太宗评价的"小事糊涂，大事不糊涂"，成为吕端胸怀天下、被后人称道的一个标签。一些人也喜欢在书房里挂一幅郑板桥"难得糊涂"的书法，作为对自己的一种处世警言。只是，什么时候需要"糊涂"，做到"糊涂"需要哪些条件，"糊涂"的目的是什么，值得自问。

危难关头的虞允文和范成大

士大夫的气节，日常多体现在尽职不计名利、尽责不搞圈子、尽忠不怕丢官诸方面。而在宋金对抗、国难当头之际，平凡的自律就可能转变为壮美的牺牲。

南宋绍兴三十一年（1141）的采石之战，奠定了宋金对峙格局，此后金人大举南下的信心受挫。这场战役就是由文臣虞允文指挥的。

当年完颜亮兵分四路，西从大散关东至扬州全线进攻南宋。赵构让大将吴璘、刘锜扼守长江中上游，之后又让刘锜防守江淮地区。而此时的刘锜已年逾花甲，重病在身。

淮西守将王权畏战不前，弃守庐州南逃，金军长驱直入，兵临长江北岸，准备渡江。刘锜无奈率军退到扬州，两淮地区失守。王权逃到长江南岸的采石后，刘锜也先退守瓜洲，再退到长江以南的镇江。

宋高宗听到消息后，开始准备南逃。经不住宰相陈康位和其他主战派大臣力劝，这才派大将李显忠替换王权，同时遣大臣虞允文前往江淮战场犒赏前线的宋军。

虞允文心急如焚，星夜兼程赶到江淮防线时，王权已免而李显忠未到，现场竟无主将，军心涣散，军队面临崩溃。军情紧急，千钧一发，虞允文没有多想，毅然承担起临时指挥战斗的重任。他召集张振、时俊等将领，宣布宋廷抗金命令，告知众人：逃跑意味着失去家园，父老妻儿遭难；抵抗有长江天险，这恰是金军短板。他慷慨激昂地动员众将领：国家养兵千日，用兵之时岂能不为国而战？众将人心大振，决意死中求生。

《宋史·虞允文列传》记载，采石之战金军四十万，宋军加上民兵才一万八千人，战情十分凶险。虞允文临危出任后，随从劝他："公受命犒师，不受命督战，他人坏之，公任其咎乎？"允文叱之曰："危及社稷，吾将安避？"

他把步兵、骑兵队伍整顿好，沿江的两岸布阵；同时把江面的宋军船只分为五队，一队在江中，驾驶先进战船在江面游弋，两队停泊在东西两侧岸边，另外两队隐匿山后；然后动员熟悉水文的当地民众组成义军，派人凿沉废弃船只并将其排在岸边，阻止金人渡江。敌军以为采石无兵，满载着金兵的船只向南岸驶来。没用多少时间，金兵陆续登岸。虞允文命部将时俊率领步兵出击。金兵进军以来从没有遭到顽强抵抗，突然碰到强大的敌手，迅速退往江中。宋军利用水军优势，在江中截断金军船只，战船插进金军的船队，向敌船猛烈冲去。一些敌船被撞沉，不少金国骑兵落水淹死。这时一批从光州（今河南潢川）逃回来的宋兵赶到采石，虞允文要他们整好队伍，发给他们战旗和军鼓，从山后面摇动旗帜，敲着鼓绕到江边来。江上的金兵听到南岸鼓声震天，看到山后无数旗帜在晃动，以为是宋军大批援兵到来，纷纷逃命。

图2-14　《林和靖诗意图》　〔明〕董其昌　（故宫博物院藏）

完颜亮气急败坏，强令金军三天内过江，否则阵斩。初战得胜后，虞允文料敌必将再犯，次日又派新盛率水军逼近长江北岸的杨林渡口。金船一出港，宋军强弩劲射，同时放出火攻筏，并使用霹雳炮轰击，击毁敌船数百艘，射杀岸上骑兵无数；然后封锁河口，断了金人从采石渡江的念头。此时北方完颜雍政变称帝，失去人心的完颜亮被叛军杀死。金军被迫退兵三十里，主动与宋朝议和。

虞允文早期以文官身份报效国家，危局中挺身而出一战成名。此后出将入相近二十年，史称"战伐之奇，妙算之策，忠烈义勇，为南宋第一"。

宋孝宗赵昚继位后，因隆兴北伐出师不利，签订了屈辱的"隆兴和议"，一直闷闷不乐，有些事情如鲠在喉，如宋朝君主以何种礼节接受金国国书，如在金人统治区巩义的宋朝皇陵怎样归还，等等。

乾道五年（1169），已是宰相的虞允文建议，与金国商谈更改受书礼仪和归还皇陵之事，并推荐文臣李焘和范成大二人出使金国。李焘找到虞允文发牢骚："今往，金必不从，不从必以死争之，是丞相杀焘也。"范成大当然也知此行凶多吉少，但仍慷慨领命，抱定了必死不回的决心，对皇上说："臣已立后，为不还计。"

到达金国中都（今北京）后，范成大将国书礼仪方案藏入怀中。在朝见金世宗、奉上国书后，范成大即席慷慨陈词：两国已经结为叔侄关系，但受书礼仪却一直未定。顺势取出事前写好的奏疏，请求金主同意。金国君臣一片哗然，金世宗"腾"

地站起斥责范成大,太子完颜允恭举刀要劈杀范成大,被人阻止。

回到下榻处(会同馆)后,金国陪侍向范成大透露消息:有大臣主张把你扣留。范成大早有思想准备,写下《会同馆》一诗明志:"万里孤臣致命秋,此身何止上沤浮。提携汉节同生死,休问羝羊解乳不?"表达了面临万里殉国,生命轻如气泡,敬慕当年苏武的果敢情怀。

金世宗尽管对宋朝使臣范成大很不满,但也不想把宋金关系搞僵,最后同意了归还宋钦宗梓宫和让南宋奉迁皇陵。范成大出使虽未达到全部目的,但在金国朝堂上冒死抗争,不辱使命,被《宋史》评价为"俱有古大臣风烈,孔子所谓'岁寒然后知松柏之后凋'者欤"。

大敌当前,宋代文臣能够临危不苟,重气轻身,为国家利益挺身而出。令后人高山仰止的,是他们的英雄行为,更是行为背后的思想品质和精神境界——

不唯功名利禄、追求高远理想的价值取向。人生在世,都想有所建树,区别在于内容是什么,目标发生冲突时怎么选择。虞允文是唐朝名臣虞世南之后,姿貌雄伟,气宇轩昂。因母亲去世、父亲独居且身患疾病,遂无意功名,多年不肯出仕为官。父亲去世后被推荐入朝,先后向宋高宗直言坦陈士大夫群体、宋金关系、宦官弄权中的弊病。范成大自小聪慧,十二岁时已遍读经史,十四岁开始创作诗文,十八岁在昆山荐严资福禅寺读书,十年不出。出山后政绩卓然,官至参知政事(副宰相)。后退隐故乡,醉心诗文,同情民间疾苦,描摹田园生活,并自成一体,成为与杨万里、陆游等齐名的南宋"中兴四大诗人"

之一。一个为父亲可以放下功名利禄的孝子，一个厌倦官场生活、醉心山水诗词的文人，脑子里生就的，是士大夫"修齐治平"的理想，身体中支撑的，是"安能摧眉折腰事权贵"的气节。有了这样的价值取向和精神境界，名利当前，生死关头，他们自然会物我两忘、一片丹心。

不受反向情绪、危急局势影响的独立精神和综合能力。不管是金军大兵压境、王权望风而逃、从未指挥过战斗，还是李焘坦言怕死、坦荡宣读国书、金人抽刀威胁，虞允文、范成大能够毅然挺身而出，不为情势所迫，起决定性作用的，是他们

图2-15　《江山小景图》　〔宋〕李唐　（台北"故宫博物院"藏）

对国家和民族炽热的忠诚和责任心。和平时期，嘴边有如此"大义"的人不在少数，但观念和行动之间，毕竟还隔着一系列"中间环节"，将其连接才能做到临战处惊不乱、临死不畏风险，实现想法和做法的言行贯通：比如平时就对贪生怕死者鄙夷唾弃的壮士，再如平日就是说到做到、心口如一的君子，还如平常就有善于思考、做事努力的心智和能力，等等。头脑中的想法是观念形态的东西，唯有生活阅历中实现了性格素养和做事能力的不断储备，才可能疾风知劲草，沧海显英雄。

文天祥的浩然悲歌

说起抗元英雄文天祥，有的人会觉得离我们很遥远。其实，这位大英雄离我们很近。

南宋末期的德祐元年（1275），文天祥率勤王军来到南宋临安，与谢太后和众大臣商议抗元大计于宫中，并代表宋朝和元军于杭州皋亭山谈判，冒死与元将抗辩责其退兵，被囚于城北蒙军帐中。文天祥进入中国英雄史册的起点，就在南宋都城临安（杭州）。

南宋咸淳十年（1274）七月，南宋王朝已经风雨飘摇，到了生死存亡之际。年幼的宋恭帝继位，太皇太后谢道清垂帘听政。年底蒙古军队攻下鄂州，进逼都城临安。谢太后颁《哀痛诏》，邀各地军民赴京勤王。

时任赣州知州的文天祥接到诏书后，马上招募民间力量，筹集粮饷，捐出全部家财，把家人送到弟弟处安顿，并在战袍上缀上"拼命文天祥"字样，以示舍身报国之志。友人相劝：此去力量悬殊，凶多吉少。文天祥答："第国家养育臣庶三百余年，一旦有急，征天下兵，无一人一骑入关者，吾深恨于此，故不自量力，而以身徇之，庶天下忠臣义士将有闻风而起者。"

明知江山不保，此去祸福难测，文天祥还是毅然决然"以身徇之"，想带动"天下忠臣义士将有闻风而起者"，这是文天祥第一次踏上不归之路。

德祐二年（1276）正月十八日，蒙古军队三路会师于临安城北的皋亭山。临安皇宫早朝时，太皇太后谢道清已不知所措。文天祥与张世杰出班奏事，力主三宫入海暂避，二人率军背水一战。太皇太后没有采纳文天祥等人的奏议，派出使臣奉传国玺及降表投降元军。蒙将伯颜要求，宋朝要派出宰相商议受降事宜。十九日，元军进至临安北十五里，未允士兵进入临安城内。二十二日，文天祥和左丞相吴坚等冒死赶赴元营。

在元军营帐，文天祥先以岁币纳贡，要求元军退兵。伯颜自不答应。文天祥慷慨论辩，指斥元朝失信于宋。并正言道：宋朝仍有两淮、两浙、闽粤等腹地，胜负尚不得知。就算宋亡，各地豪杰也会揭竿而起，元朝不会有安生之日。伯颜被激怒，语出不逊。文天祥大义凛然道："吾南朝状元宰相，但欠一死报国，刀锯鼎镬非所惧也。"文天祥在皋亭被囚，二十天后，由下塘北上途中，在京口（今镇江）义士的帮助下逃脱，重新投入抗元复宋斗争。

在朝廷已派人签署和约的情况下，文天祥以一己之力据理力争，想把"受降"变为"议和"，说服元军退兵，虽可能性已极小，依然冒着杀头危险，奋力一试，拳拳之心，日月可昭。这是他再一次试图力挽狂澜。

在粤赣一带，文天祥坚持抗元复宋两年多时间。景炎三年（1278）十二月，一天，文天祥在广东潮阳五坡岭吃饭时，被

图2-16   《四梅图》   〔宋〕扬无咎   （故宫博物院藏）

突然出现的元将张弘范的军队俘虏。他早有赴死的思想准备，马上吞服龙脑（冰片）自尽，但被元军救下。

张弘范早闻文天祥英名，劝告他说："宋已亡，丞相您尽忠之地已经失去。就算想杀身成仁，也不会流传史册。如愿转为效力大元，定能受到重用。"文天祥满怀悲愤地回答："国亡而臣不能救，已是最大罪过，岂能怀有二心！"

张弘范又改变策略，让他写信劝降张世杰，说张世杰投降他也能不死。文天祥笑道："我不能保护自己的父母，难道还要劝别人背叛自己的父母吗？"此后，张弘范又多次催促招降南宋小朝廷，文天祥以其状元之才和英雄气概，写下了流传后世的《过零丁洋》一诗。"人生自古谁无死，留取丹心照汗青"的诗句，惊天地，泣鬼神，成为中华民族光耀千古的爱国主义名句。

这时的文天祥已经万念俱灰，一心只求速死。因为宋朝已不存在，逃脱已无意义，赵氏无人可扶，起兵也已无王可勤。

在元军的严密看守下，他自尽不得机会，便开始绝食。不想，经过十天残酷的自我折磨，至元十六年（1279）十月到达大都时，文天祥依然活着。

元朝开国皇帝忽必烈下令，以上宾之礼优待文天祥，并不断派人劝降。忽必烈的想法是，英雄惜英雄，"一物降一物"。如果能让文天祥为元朝服务，不仅能留下这位可敬的忠臣义士，而且对今后的统治也有感化作用。但他失望了。

先被派去劝降的，是投靠元朝的南宋前丞相留梦炎。他劝文天祥："现在宋朝已亡，天下尽归元朝。丞相一人苦苦坚持，已经没有意义。草木尽管还是赵氏草木，日月却已是大汗的日月了！"面对叛臣的劝降，文天祥诘问道："你身为大宋重臣而卖国，身为衢州百姓而卖家，身为汉人而卖节，你有何脸面和我说话！"留梦炎一脸尴尬，悻悻而退。

降臣劝降受阻，忽必烈想到了宋恭帝赵㬎。这对君臣的最后一次相见，竟然是这样一种场景，其景可叹，其情可哀。年仅九岁的赵㬎见到四十三岁的文天祥后，一时语塞，不知该说什么。文天祥见到皇上忙跪下叩头，放声痛哭。不等赵㬎说话，他哽咽着连声说："圣驾请回！""圣驾请回！"赵㬎插不上话，也被哀情所困，默默回去了。

试想一下，自己拼死忠君爱国，君主不仅投降了，而且还要来对臣子劝降，文天祥的心情该是怎样的悲凉：接受就是"叛国"，不接受就是"叛君"！万般无奈，忠君与爱国的两难处境，被文天祥一连串的"圣驾请回"给挡回去了。留下的，不是历史笑谈，而是拳拳爱国之心；留给后人的，不只是一段历史记载，还有宋代士大夫至死不渝的英雄豪情：在忠君与爱国产生冲突时，爱国是终极目标；在能借圣上的名义为不死开脱时，宁要纯粹的死，不愿苟且地活。这，是文天祥虽已无力回天但在精神境界上的又一曲壮美悲歌！

忽必烈不死心，又派宰相阿合马出面劝降。阿合马想先来个下马威，见到文天祥就要其跪下。文天祥冷笑道："南朝宰相见北朝宰相，岂能下跪！"阿合马挖苦道："你既是南朝宰相，何以至此？"文天祥答："如果南朝早日用我为相，何以至此！"忽必烈又派另一宰相孛罗劝降。孛罗让士兵强行把文天祥的头按下，想使他下跪。文天祥大叫："天下事有兴废，我忠于宋室，绝不屈服，自求速死！"孛罗辩道："你弃德祐皇帝，另立二王，如何是忠臣？"文天祥正色道："德祐失国，另立二王，是为国家考虑。""你为国家考虑，国家保住了吗？"文天祥说："国家虽未保住，臣子尽心尽力是本分。国家既灭，臣子不该苟活。休得多言，唯求一死！"

　　所有能劝降的人都用过后，始终不能如愿的忽必烈又想出一招：让文天祥的长女柳娘给父亲写信。文天祥在土牢里得知两个女儿已被掳至大都宫中为奴，痛苦万分。他知这是元朝用苦肉计逼其就范。他在给妹妹的信中写道："收柳女信，痛割肠胃。人谁无妻儿骨肉之情？但今日事已至此，于义当死。可令柳女、环女好好做人，为父管不得。泪下哽咽，哽咽。"信送出后，他悲情难抑，写下一首《得儿女消息》：

> 故国斜阳草自春，争元作相总成尘。
> 孔明已负金刀志，元亮犹怜典午身。
> 肮脏到头方是汉，婷婷更欲向何人。
> 痴儿莫问今生计，还种来生未了因。

　　诗中既抒发了将像陶潜忠于晋朝那样的决心，也表达了今生不能拯救儿女、来生定尽为父责任的情思。

　　忽必烈还是心存幻想，亲自召见了文天祥，劝道："你能以对宋朝的忠心效力我大元，朕就让你做我大元的宰相。"文天祥不为所动，朗然答道："我是大宋状元宰相，宋亡，只能死，不当活，不必多言！"

　　忽必烈十分尊重这位汉人大英雄，叹息道："好男儿，不为朕所用，杀之太可惜！"在征求朝臣意见时，有南宋降臣建议，让文天祥出家当道士。元将张弘范也认为文天祥"忠于所事"，新朝提倡节操，不杀为好。但孛罗、留梦炎等人提出，留着文天祥很危险，会成为汉人反元的一面旗帜，应该杀掉。而其时

图2-17   《万松金阙图》（局部）   〔宋〕赵伯骕   （故宫博物院藏）

河北中山府正好发生了数千人的反元暴动，欲攻入大都营救文丞相。为了长治久安，忽必烈终于下了杀心。

元至元二十年（1283）十二月，文天祥在上万大都百姓的送别下，在刑场上向南方拜了三拜，从容就义，时年四十七岁。

收殓时，在他衣袋里发现了一封绝笔书："吾位居将相，不能救社稷，正天下，军败国辱，为囚虏，其当死久矣！顷被执以来，欲引决而无间，今天与之机，谨南向百拜以死。其赞曰：孔曰成仁，孟曰取义，惟其义尽，所以仁至。读圣贤书，所学何事？而今而后，庶几无愧！宋丞相文天祥绝笔。"

从文天祥被俘就试图自尽开始，到向所有劝降人表达速死殉节的决心，再到终于留下"人生自古谁无死，留取丹心照汗青"的慷慨悲歌，他用人生最后的五年时间，以宋朝最后的丞相之身，为世人最后树立起了舍生取义的精神丰碑！

"和文天祥隆名并峙"的陈文龙

抗元名将陈文龙，是宋高宗时左丞相陈俊卿的五世从孙。咸淳四年（1268）中状元，被皇帝破例授予宣义郎、镇东军节度判官，驻节越州。

越州是江南鱼米之乡，靠近京城临安，宋高宗曾驻跸于此，帝后陵园又在这里，因此皇亲国戚聚居，权势人物众多，秉公处理政务很难。陈文龙生性正直，对官场贪污受贿、趋炎附势的现象十分厌恶。到任当日即声言，为官"不可以干以私"。他革除弊政，公正执法，体恤民情，一时政声卓著。

权相贾似道向来重视培植党羽。文章魁天下、政声传四方的陈文龙，被他看中。贾似道接连上奏举荐陈文龙，几年间，陈文龙官运亨通，很快升任到监察御史高位。

监察御史，本是直接向皇帝负责的重要职位，但在贾似道的安排下，成了事事先向他报告的附庸。陈文龙按规矩办事，不按旧俗出牌，遇事不再都上报贾似道，恢复了监察御史的应有职权。

在临安（杭州）为政期间，陈文龙眼见农民生活困苦，多次上奏建议减轻农民税赋，加固南北海塘，扩大粮食种植面积，以充裕农人生活和国事用粮；有官吏在西湖西岸边拦湖做塘，他又奏请予以制止，"还西湖一汪清水"；得知贾似道在葛岭南坡半闲堂增建府第，他马上奏请皇上"疆战纷纷，当集力以赴，不可奢资"，使权相的如意算盘落空；浙西转运使洪起畏受贾似道指使，奏请推行"公田法"，且以劣等公田强换农民腴田，致使浙西"六郡之民，破家者多"，陈文龙再次上疏"以为不可"，要求严惩洪起畏，贾似道不得不处罚洪以自保；元军围攻南宋重镇樊城、襄阳之后，贾似道的女婿范文虎受命驰援，竟然临阵畏敌脱逃，终使樊城、襄阳相继失守，贾似道仅将范文虎降一级了事，仍派其出任重镇安庆知府，陈文龙直接上书陈述贾似道的过失，并弹劾范文虎等人。

　　贾似道看他举荐之人如此"不懂事"，很快把陈文龙贬为抚州知州，并派人搜罗陈文龙的罪状，想进一步加害。由于陈文龙为官清廉，政声卓著，进一步加害找不到理由，贾似道便封官许愿收买监察御史李可，令其以"催科峻急"名义弹劾陈文龙，陈文龙终被罢官。

　　咸淳十年（1274）十月，宋度宗病亡，谢太后临朝听政。第二年春，元军逼近"万里长江此封喉"的安庆。范文虎不战而降，临安危在旦夕。贾似道被迫率军抵御，临阵求和不成，兵败逃亡。南宋朝廷这才不得已罢黜了贾似道，急召陈文龙返回临安任职。陈文龙临危受命，以参知政事（副丞相）身份，和文天祥等大臣承担起力挽南宋颓势的重担。

　　德祐元年（1275）十月，元军由建康（今南京）分道杀向临安（杭州）。文天祥率军攻打已被元军占领的独松关，经过数日鏖战，久攻不下，元军逼近杭城北关。作为状元出身的文官，陈文龙临危受命，披挂上阵，统领禁卫军和民兵，与元军统帅伯颜激战五天五夜，把元军逼退至九度岭外。元军死伤一千七百余人，败下阵去，都城临安暂时安全了。

元军攻下了临安北面的独松关后，陈文龙主张背城一战，文天祥等主张入闽广再图复兴，陈宜中力主议和。谢太后采纳了陈宜中的意见，派人向元军奉表称臣。陈文龙痛心疾首，以母老为由辞官。

此后，南宋爱国军民在文天祥和张世杰等人领导下继续进行抗元斗争。陈文龙再被起用为参知政事，兼任闽广宣抚使，知兴化军。同年十一月，元军逼近福州和泉州，福州知府王刚中、泉州招抚使蒲寿庚等人相继献城投降。兴化成了一座孤城，腹背受敌。

次月，元军三番五次威逼利诱劝降，都被陈文龙严词拒绝。在兵力不满千人的情势下，陈文龙多次击溃了元军进攻，并四

图2-18　《万松金阙图》（局部）　〔宋〕赵伯骕　（故宫博物院藏）

次斩杀前来劝降的元使，还在城头竖起"生为宋臣，死为宋鬼"的大旗，以昭明心迹，激励士气。可惜后因部下叛变做向导，元军直抵兴化城下，通判曹澄开城降元，陈文龙寡不敌众被擒。

第二天，陈文龙和家眷被押送至福州的元将董文炳军中。董文炳再次劝降，陈文龙以手指腹，正色诘问："此皆节义文章也，可相逼耶？"董文炳不死心，又劝道："国有兴亡，家有成败，汝是书生，何不识天时？"陈文龙回答："国亡，我当速死。"元将唆都又以"母老子幼"来要挟，陈文龙慷慨陈词："我家世受国恩，万万无降理。母老且死；先皇三子岐分南北，我子何足关念。"见继续劝降无果，董文炳将陈文龙押送临安。

离开兴化后，唯求速死的陈文龙一路绝食，并在途中写下与子诀别诗："斗垒孤危势不支，书生守志定难移。自经沟渎非吾事，臣死封疆是此时。须信累囚堪衅鼓，未闻烈士竖降旗。一门百指沦胥尽，唯有丹衷天地知。"

到杭州后，陈文龙被囚禁在太学里。景炎二年（1277）农历四月二十五日，虚弱不堪的他要求拜谒岳飞庙。绝食多日身体虚弱的陈文龙，进入岳庙后情绪激动，失声痛哭，难以自制，最后竟在岳飞像前倒地气绝，年仅四十六岁！

陈文龙死后，被安葬在西湖智果寺的翠竹园里。宋端宗闻之，下诏赠太师，谥忠肃，赐庙为昭忠。他被后人誉为福建的"岳飞"，尊称为陈忠肃，与岳忠肃（岳飞）、于忠肃（于谦）合称"西湖三忠肃"。

陈文龙一生洁身自爱、爱国忠君，和文天祥一样，成为南宋末年士大夫气吞山河、感天动地的精神高峰。风雨飘摇、国将不国的南宋末年，能够产生这样的英雄豪杰，也给后人留下了值得回味的思想光影——

家庭熏陶最能滋养人心。陈文龙出身世代簪缨之家，曾祖父陈俊卿在绍兴八年（1138）参加科举考试，名列榜眼。廷试时皇帝问："莆田乡土贫瘠，怎么会人才辈出？"陈慨然答曰："地瘦栽松柏，家贫子读书。"陈俊卿后来官至左丞相，成为和李纲齐名的南宋名相。陈文龙从小聆听祖训，年少时即以曾祖父"人才当以气节为主"的教诲立志修身。陈文龙和母亲、妻儿被囚于福州一座尼姑庵时，陈母已重病在身，但她不肯看病服药，并对监守说："吾与吾儿同死，又何恨哉？"周围人闻之落泪。陈文龙的幼弟陈用虎、弟媳朱氏等，全都忠贞不屈，慷慨赴死。城破陈文龙被俘后，其叔陈瓒举兵抗元，收复兴化城，后城再破，陈瓒被五马分尸。在这样一个忠义仁勇的家族中成长，陈文龙的高洁英武，自在情理之中。

公正道义永远高于个人"私恩"。中国人重视恩德，讲究"滴水之恩，当涌泉相报"。但任何有价值的东西，都要在一定范围内，在特定领域里，才有存在的意义。突破了范围和底线，社会判断就是另外一个尺度了。贾似道的拉拢和推荐，没有成为陈文龙投鼠忌器、左右为难的障碍，尽管他也屡受嘲讽排挤，但唯其如此，才成就了陈文龙刚正不阿、秉公办事的为政风格。而贾似道对女婿和亲信的袒护，反成为这些人肆无忌惮、罪上加罪的帮凶，最终把这些人绑在了历史耻辱柱上。在生活中，分清个人私恩与公正大义孰轻孰重的意义在于："私恩"让极少数人得利，侵蚀多数人的公平机会，最终会成为众矢之的，情急时甚至殃及大局安危，"覆巢之下无完卵"；公正大义尽管不会给自己带来特殊利益，但带来的是坦荡的心地、无私的情怀、公平的机会和为社会尽心尽责的良好状态。

英雄主义是超越时空的。尽管宋朝与西夏、辽、金、蒙古等少数民族政权对抗，在战场上曾经你死我活，但时过境迁，如今统一的国家和利益填平了昔日沟壑，早年的"国家对抗"已成为"民族纷争"的发展史；而且，即使是纷争不已的当时，

图2-19　《西湖图》　〔宋〕李嵩　（上海博物馆藏）

保家卫国的壮士、舍生取义的英雄，也是超越时空边界和民族利益的。不仅汉民族的政权和百姓敬仰怀念陈文龙，当年元朝、清朝少数民族统治者，也同样尊崇他。陈文龙在岳庙殉国后，元世祖感念其忠义，赐葬陈文龙于风景秀丽的西子湖畔智果寺旁，并开释了所有因陈文龙而被羁押的亲属。元朝政权稳定后，进而颁布了《录用忠臣子孙诏》："皇帝圣旨，有宋忠臣陈文龙、陈瓒乃死于节，可谓得其处矣。近编国史，显迹具存，其子若

孙理宜举用。主者施行。"派人到兴化府寻找陈文龙、陈瓒子孙入朝为官，"卒无一人应之者，盖其流风遗烈传至其子若孙而犹未艾"。清康熙帝在明初"三次敕封水部尚书"基础上，加封其为"镇海王"，由内河保护神升格为海上保护神。

人不畏死是人生的最高境界。人都有一死，但人都不想死，几乎都怕死，很多人千方百计延缓衰老想晚点死。眷恋人生可以理解，科学研究也在攻坚，可还是不能改变人类对死的惶恐。在这个意义上，当一个人连死都不怕的时候，就无所忌惮、无往于天下了。什么样的人才能不怕死呢？万念俱灰的人有可能，但只是一种可能，很多心灰意冷的人一旦"清醒"过来，还是心惊胆战，后脊背惊出冷汗。唯有胸怀大志、为信仰奋不顾身的人，才能做到视死如归。陈文龙从家乡兴化赴任临安前，族叔陈瓒对他说："今天下之势已危，列郡皆用兵自守，此不足讨贼明矣。为今之计，莫劝上尽召天下之兵，屯聚沿江要害，择贤王与文武才干之臣分督之。"已知无力回天的陈文龙答道："叔父之策固善，然柄国非人，恐不能用。是行也，某必死之。"这是明明白白的慷慨赴死啊！元军抓来其姻亲劝降，陈文龙大义灭亲，复信道："孟子曰：'效死勿去。'贾谊曰：'臣死封疆。'国事至此，不如无生，唯当决一死以守！"气节感天动地，胸怀壮志凌云，言词气贯长虹。

陈文龙和文天祥，都是状元出身，都是操守气节彪炳千秋之人。清末进士、翰林张琴在《修建西湖宋陈忠肃公墓募金启》中感叹："当时民族沦亡之痛，海内共愤，而陈忠肃公死事乃在诸公（陆秀夫、文天祥等）之先。……其科第名位与文山（文天祥）同。公开阃兴化兵败被执，全家殉难，其惨尤过文山。公被执过合沙寄仲子诗云'一门百指沦胥尽，唯有丹衷天地知'，文山《过零丁洋》诗云'人生自古谁无死，留取丹心照汗青'，……二公忠义之气，学养之纯，若合符节。"林则徐进而直接称其"和文天祥隆名并峙"。

　　只是，尽管陈文龙"死事乃在诸公（包括文天祥）之先""全家殉难，其惨尤过文山"，但事实上他并没有像林则徐所说的那样"和文天祥隆名并峙"。许是诗文流传导致，许是官阶稍逊缘故，许是……，但依笔者看，最难堪的，还是对宋代一大批士大夫的松柏气节、云水襟怀，我等后人传习不够，追忆不足，才有如此差池啊！

宋代士大夫的气节从哪里来

忠君爱国，重气轻身，是中国传统政治文化中的基本道德观念。

从秦汉起，忠节就成为气节的重要内容。但怎样理解反映君臣关系的"忠"，在中国历史上并不统一。尽管法家"不危于主""专心于主"的"忠君"思想被一些帝王推崇，但儒家的"士不可以不弘毅"，以及与君主相处中"从道不从君"的"气节观"，还是影响了很多读书人。而到了北宋时期，"忠节观"在以下新的背景下开始孕育。

从秦汉到五代，历代王朝的更替，几乎都以权臣篡位、兵变倒戈为肇始，并在五代时登峰造极。传统"忠节观"被残酷的兵变现实踩在地上，任人践踏，受到严峻挑战，也因此有了新的实践和思考空间。

在五代纷乱中建立的北宋，根基轻浅，百废待兴，加上当时天下尚未完全统一，皇权地位不稳。赵匡胤作为那个时期的末代精英，对五代十国的动乱深有痛感。为避免重蹈覆辙，建立并强化新的秩序，成为他心中的头等大事。

宋朝所处的历史时期，始终面临着非常严峻的外部压力。

赵宋王朝，更像是中国历史上又一个"南北朝"，北方一直有契丹、党项、女真、蒙古等政权与之并存，备受侵扰。宋朝也是中国古代各主要王朝里，疆域面积最小的；南宋时更是偏安一隅，以淮河—大散关一线作为宋金边界了。

在以上背景下建立和生存的北宋，相对于以往朝代，以"祖宗之法"形式培育的"忠节观"，有了以下几个基本特征。

第一，尊重忠于旧主之臣。"陈桥兵变"后赵匡胤率众回师开封，后周大臣都乖乖束手听命，唯有检校太尉韩通从内廷飞马而出，准备抵抗，被军校王彦昇发现，王彦昇追至韩家，将其一家杀死。太祖怒责王彦昇，"终身不授节钺"，并"赠韩通中书令，以礼葬之，嘉其临难不苟也"。

在北宋史学家李焘《续资治通鉴长编》中，有关于北汉宰相卫融、荆南兵马副使李景威，以及大臣徐铉、张洎等，忠于旧主反得到宋太祖宽容尊重的记载。有的记载尽管血腥，也值得一读。翻译一段：宋初，北汉宰相卫融被抓。太祖责问卫融："你为什么要教刘钧帮助李筠谋反？"卫融从容回答："狗不咬自家主人，刘氏是我家四十口人的衣食父母，实在不忍心有负于他。你应该尽早杀掉我，我一定不会为你效劳的。如果放我不杀，我还会回到河东为北汉效力。"赵匡胤大怒，命令将士用兵器猛敲卫融的脑袋。卫融顿时血流满面，他高声叫道："我死得值了！"太祖见状对左右说道："这是忠臣，放了他吧！"并让太医用好药为其疗伤，还让卫融写信和北汉国主刘钧商量，用北汉俘获的宋将周光逊等换回卫融。因北汉一直没有回音，赵匡胤授卫融为北宋太府卿。

图2-20 《静听松风图》 〔宋〕马麟 （台北"故宫博物院"藏）

第二，不重用敌方投诚"叛臣"。赵匡胤对那些不忠旧主、投靠新主的降臣，出于建国初期人才需要，不予贬斥，但也看不上其人格，心存防范。建隆元年（960）十一月，太祖率诸军操习水军，南唐君臣见势心生恐惧。南唐君主的部下杜著假扮商人，由建安渡水归宋；彭泽令薛良也来投奔宋朝，并为宋朝提供了扫平南唐的对策。太祖不仅没有重用提拔他们，反而"命斩著于下蜀市，良配隶庐州牙校"。处死杜著、发配薛良的原因，《宋史·太祖本纪》的解释是"帝疾其不忠"。

赵匡胤当年"陈桥兵变"登上皇位时，突然发现有个疏忽，"独未有周帝禅位"的诏书，如此登基会给后人留下笑柄。关键时刻，原后周的翰林学士陶谷不慌不忙地从袖中抽出一份诏书（这是他提前为新皇登基准备的周恭帝退位禅让诏书），走近赵匡胤递了上去说道："诏书在此。"赵匡胤于是顺水推舟，用诏书体面登基。但"太祖由是薄其为人"，看不起这种主动背叛旧主、讨好新皇的投机分子，"选置宰辅，未尝及谷"。陶谷心有不甘，派亲信上奏吹嘘他在翰林院立下大功，希望得到重用。宋太祖笑道："我听说国子监拟圣旨，不过是参照前人旧本，换几个字句而已，算不上什么功劳！"

第三，重视激励忠义之士。赵匡胤曾到汴京讲武池观看士兵水上练兵。他对身旁的部下说："人都说要舍身为国，其实说说容易，死对人来说，毕竟是很难的事情。"随从李进卿说："作为臣子，您说让死马上就去死。"说完纵身跃入水中。太祖急忙让众水工跳下去把人救了上来。李进卿的奋不顾身，给太祖留下了深刻印象，后来将他升为步军都虞候、领保顺节度。

969 年，殿前都虞候杨义抓捕了准备叛乱的北宋将领杜延进及其同党十九人。一次，宋太祖在训练水军时，突然一阵吵闹声响起。杨义听到后不知何故，生怕有人行刺皇上，马上披挂前去救驾。尽管这是一场误会，宋太祖还是有所触动，对身边侍臣说："这是一位真正的忠臣！"乾德四年（966），杨义因重病无法说话，太祖亲自到他家中探视，赏赐重金，并且让他继续掌管军队。史书说："义忠直无他肠，故上委任之不疑。"

第四，在忠节的前提下宽容部下。北宋名将李汉超被人投诉借钱不还，抢民女为妾。宋太祖把告状的人叫来问道："你家女儿嫁给什么人？"那人回答："嫁到农家。"太祖又问："李汉超到关南后，契丹人的侵扰还有没有？"回答："没有了。"太祖说："李汉超是我的重臣，你的女儿嫁给他不强于做农妇吗？如果没有他镇守关南，你家财产能保住吗？"那人离开后，太祖马上派人传令李汉超："赶快归还民女和借款，我这次放你一马。以后不要再做这样的事情。钱不够，为什么不来找我？"李汉超听令后感动得流下了眼泪，发誓以死报效皇上。

大将郭进军纪严厉，经常杀人。曾有军校从西山到朝廷状告郭进违法。宋太祖查知情况后对身边人说："此人有过失惧怕受罚，想通过诬告免受处罚罢了。"就派人把告状者绑送郭进。正好这时敌人入侵并州，郭进对状告他的军校说："今天免你死罪，你能拼死杀退并州敌人，我向朝廷推荐你。"此人果然奋力杀敌并告捷，郭进践约，请朝廷升其官职。后来，宋太祖命建造宅第赏赐郭进，要求一律使用筒瓦。部下禀告：按旧制只有亲王和公主的房屋才可用筒瓦。宋太祖怒答："郭进镇守西山十余年，使我无北顾之忧。我对待他怎能不如自己的儿女呢？"督促部下赶紧去督工建房。

宋代皇室对那些忠于旧主之臣的宽容，以及不重用敌方投诚"叛臣"的理念，给传统"忠节观"注入了既超越壁垒又爱憎分明的立体思维：既注入了对"忠"心理特质普适性的内涵，又彰显了新皇的宽厚和立场，也表达了对新政权的高度自信，同时还引导众臣强化了"忠有善终"的理念。这样的"忠节观"，对吸引人才、弥合缝隙和引导部下，都有明显的激励作用，对唐末五代时期易姓改节、朝秦暮楚的风气，也是一种调节。当然，宋朝初年皇帝对将帅的宠用宽容是有前提的：只包容其贪污、奢华、抢民女、滥杀等无关皇帝权威之举，一旦有涉及冒犯皇权的任何不忠行为，肯定铁面无情。例如，有人状告殿前都指挥使韩重赟"私取亲兵为腹心"，太祖马上"怒，欲杀之"，经宰相赵普劝说才从轻发落，只罢其军职。

如果说尊忠抑叛和忠君爱国是宋代祖宗之法"忠节观"的核心内容，那么怎样使这种"忠节观"被人们接受？宋代统治者为此也下了些功夫。

首先，宋代科举制改革为平民子弟做官敞开了渠道。一是不问家庭背景。隋唐以前，士子应考前要考察家庭背景。五代和宋以后，开始取士不问家世，只要有奇才异行便可录取，平民百姓进入官场的机会大大增加。二是考试严密化程度提高。出题人提前被封闭起来；建立"别试"制度，各级主考官、地方官子弟和亲属及门客应试，要另设主试官和考场；试卷"糊名"（弥封），不仅糊住试卷上的名字和乡贯，还要糊住初考官所定的等第；为防止认识字体或做记号，还请专人把试卷照原文重新"誊录"，经校对官校勘无误后，才交考官评阅。

这样做的结果：一是三代无官（哥哥、丈人不在此列）的

图2-21 《召试县令》 〔清〕佚名 （法国国家图书馆藏）

平民进入仕途的很多（如范仲淹、欧阳修、梅尧臣、文天祥等都是平民家庭出身）。二是进入仕途的平民子弟，从小经历苦日子，因此在饱读诗书的为官者中，他们对四书五经里的"道理"笃信不疑，书生意气，比较较真。"朝闻道，夕死可矣！"当然，科举改革和通过增加文官抑制武官权力的政策，也诱发了宋代"冗官"问题的出现。

其次，制定了保护文人参政的"祖宗家法"。吸取五代十国武将尾大不掉的教训，为防止他人以自己"陈桥兵变"为榜样，赵匡胤推行了"重文抑武"的国策。作为配套政策，他立下了"不得杀士大夫及上书言事人"的祖训，并且要求每一任新皇登基时，必须到太庙宣誓遵从，代代相传。宋朝各位皇帝至少场面上都以善于纳言为自己树立形象，也借文官力量达到抑制武将的目的。唐朝年间，宰相先后被杀的多达二十余人，谏官等一般士大夫被杀的更多。但遍查宋代三百多年历史，宰相和谏官被贬的常有，但没有一个被杀的，除了提出赵构不该为皇的太学生陈东是因谏言被杀，再无后例。

这样就为士大夫尽忠报国创造了宽松的政治环境，消除了士大夫参政谏言的顾虑；同时，士大夫们掌握了话语权，又反复提醒皇上不可压制文人谏言，这样就形成了"君臣共治"的谏言环境。相对宽松的言论环境，保护了士大夫阶层强烈的家国意识和主人翁责任感；再加上，两宋时期始终存在的内忧外患，也促使士大夫阶层的忠君与爱国达到了高度统一。允许士大夫直抒胸臆的宽容环境，造就了一大批把节操、荣辱和名声看得很重的精神贵族。

再次，宋代治国理政的其他相关举措，也对匡扶正气、张扬气节起到了推波助澜的积极作用。如宋仁宗为杜绝官场互相勾结的风气，创立了"谒禁"制度，规定官员不得在家接待来访者，也不许官员随便拜访别人。"谒禁"制度后来推广至百司衙门，门首都竖立一个谒禁的牌子，特别是司法律政机构如大理寺、台谏等还要加上"不许出谒"的提示。史书记载，时任谏官的司马光和自己的老师庞籍，曾是邻居，却多年不能来往。曾做过临安知县后官至监察御史的陈师锡评价仁宗时代："甚盛之时，远过汉唐。"可惜"谒禁"之制，到宋徽宗时已被废弛。

最后，传统儒家以"忠君爱国"为导向的核心价值观，在上述政治环境基础上，得到激励张扬。通读中国古代史，宋代知识分子忠君爱国的事例最为普遍。宋朝在公办、私立学校和科举考试中，在各种史书典籍、法律条文、乡规民约、治家格言和文学作品中，无不浸润着儒家道德观。各地不论经济发展程度如何，都把修贡院、兴学校、教化百姓、祭祀先贤等，作为首要大事推崇备至。忠君爱国、重气轻身名留千古，贪污腐败、丧失名节遗臭万年，成为知识分子心中普遍的价值认同。北宋时期的爱国热忱和士大夫气节，被当时的大思想家张载提升概括为一个伟大使命："为天地立心，为生民立命，为往圣继绝学，为万世开太平。"精神追求作为一种"软实力"，当受到制度和环境"硬激励"时，终于成为很多士大夫心口如一、自觉恪守的人生追求。

忠节三问

很多人羡慕宋代的治理环境，对士大夫所处的那个时代赞不绝口，对那时的君臣关系满心艳羡。熟悉一点宋史的，特别喜欢把那种宽松环境归因于太祖赵匡胤"君臣共治天下""不得杀士大夫及上书言事人"的遗训。

这样说符合事实，但还不是历史的全部真相。

试问：不杀就可以有气节吗？

不杀自然很好。但人生在世，不会只追求这最起码的生存底线。在皇权至上的封建时代，让你丢官弃爵、名誉扫地、前途茫茫，是"不杀"；让你背井离乡、颠沛流离、衣食难保、不死不活，也是"不杀"。——在杀与不杀之间，还隔着十万八千种命运多舛和选择困难，看你怎么想怎么做了。宋代士大夫的气节，正是在这个意义上，显出其岁寒松柏、浩气英风，让享受着丰厚物质成果的后辈们，在精神上难以望其项背。

在这个意义上，在宋代"不杀"的环境下，既有因"文臣不爱钱，武将不惜死"而留名千古的堂堂士大夫，也有以蝇营狗苟、卖国求荣而留下骂名的贪官和权臣。到了现代社会，"不杀"成为一种常态，但坚持真理、实践初心，依然是一个艰难的选择。

"不杀"，看来并不是守正保节的唯一条件。

如果说武将岳飞被害，还有岳飞屡不听令让赵构不快、"岳家军"声望又触犯了独尊的皇威、宋太祖担心武将谋反"杯酒释兵权"做了示范、南宋"苗刘兵变"对赵构又是一次提醒等复杂原因，那么纵观两宋时期，因忠君爱国而犯颜直谏、被贬出朝、晚景悲凉的士大夫，可谓前仆后继、难以尽数，令人惊叹！也许可以这样理解：宋代能产生一个尽忠直谏、前仆后继的士大夫群体，得益于宋朝奠基人治国理念创造的环境，同时，也与时代赋予士大夫们的特殊气质有关。

首先，自古至宋代优秀传统文化的浸润与深植，培养了中华民族价值体系中一种基本信念，一种志气和节操，"朝闻道，夕死可矣"的精神追求，"鞠躬尽瘁，死而后已"的人生选择，"穷则独善其身，达则兼济天下"的心理预期，"修身齐家治国平天下"的家国情怀，"仁义礼智信忠恕"的儒家思想，等等，都深深刻印在历代读书人的心中。

其次，宋代"重文轻武"策略和科举制度的改革，不仅在政治上提高了文人的地位，同时也为大批腹有诗书、胸怀大志的文人入朝为官搭建了践行君子之道的平台。

再次，宋代社会比较重视历史上的治国理政经验，历代英雄豪杰、志士仁人，都是被歌颂传扬的人生楷模。而宋代科举考试要考经义和策论，测试考生对经典、历史、时政的见解，引导他们从诗词歌赋的世界走出来，关注现实世界的政治、经济等。朝野一大批士大夫在对前朝历史的反复学习和揣摩中，其忠君爱国情怀不断被强化。

图2-22 《文会图》（局部） 〔宋〕赵佶 等 （台北"故宫博物院"藏）

这就培养和形成了一批志向高远、打压不垮的社会良心和民族脊梁。尽管当时还不可能有十分健全的制度保护，但他们身上有文人的风骨和气节，有敢于直言、甘贫乐道的扎实底蕴。

恩格斯当年这样感慨："历史是这样创造的：最终的结果总是从许多单个的意志的相互冲突中产生出来的，……这样就有无数互相交错的力量，有无数个力的平行四边形，而由此就产生出一个总的结果。"我们常对他人的道德、别人的境界有各种希望和要求，但其实，最后的结果，往往是由你、我、他的意志和行动共同构成的。自己在诸多因素中是一种怎样的因素，才是我们需要常常自问的。

图2-23 《岁寒三友图》 〔宋〕赵孟坚 （上海博物馆藏）

　　有读者还问笔者一个问题："忠君"是古代帝王统治时期的思想观念，现代社会已不提倡。宋代犯颜直谏、忠君爱国的精神，今天还有意义吗？

　　在笔者看来，历史故事，既要用历史的眼光看，也要用今天的眼光分析。

用历史的眼光看，在那个"朕即国家"层层封（赐）地的时代，在君主作为国家首脑一定程度上代表着国家和民众利益，一旦"君而不主"就会天下大乱、生灵涂炭的封建社会，"忠君"和"爱国"，确实存在着某种较强的关联性。尽管这种思想隐含着文臣武将们在选择上的某种困境，但作为古代中国政治文化的核心理念之一，以前仆后继"忠君爱国"先驱们的各种牺牲为代价，总体上起到了强化人们的责任意识和国家观念的作用。

用今天的眼光分析，斗转星移，沧海桑田，中国国家权力以世袭帝王为代表的时代，已过去一百多年。通过法律程序民众授权的"代议制"，成为当今国家各级权力的通例。"从来就没有什么救世主"的唯物史观深入人心，而民族、国家依然是每个公民赖以生存、无法脱离的基本依靠。新的时代，对人们提出了新的要求。

认识和扬弃古代"忠君"思想。在当时帝王权力无边、掌握生杀大权的时代，"忠君"是与绝对服从皇权、没有独立人格、依附和被依附关系联系在一起的。古代中国有无数文臣武将屈死或屈辱终老在那种体制下，这当然不能简单继承。

重视对宋代士大夫犯颜直谏、忠君爱国行为蕴含的优秀传统文化精神的认识和传承。古代士大夫身上体现出来的忠义气节，虽然带有那个时代的烙印，但摆脱名利的坚守信仰、不怕风险的奋不顾身，是一种超越时空的伟大精神，完全可以被高度评价，绝对值得代代传承。即使是现代各级管理者，要想心怀天下、勤勉为民，必须有坚持真理、舍得名利的思想准备，否则，听读千年前封建官吏的英雄气节，我们会感到汗颜。

古代的君仁臣忠、官商和谐，尽管有其时代局限性，但也荡漾着一种淳朴、真挚、厚道的浩浩古风。人们怀念和欣羡那样一种环境，对现代人就是一种提醒和鞭策。无论什么朝代，官员勤廉和民众满意的政商和谐、官民合作和上下同心，都有利于整合资源、推动发展和最大限度上满足百姓生活需要，也最容易激发民众的家国情怀。当然在现代社会，仅靠古风遗存是不够用了。把权力置于社会大众、制度监管的现代法治条件下，辅以坚守和传承优秀的传统文化精神，才是正道。

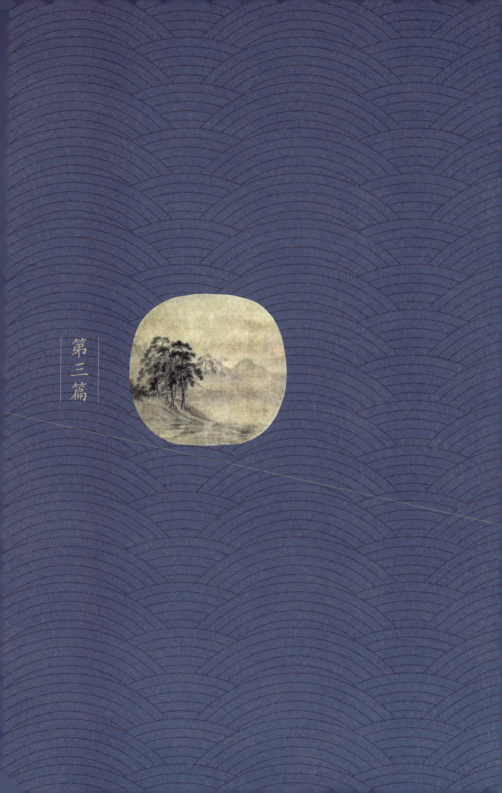

第三篇

社会性格

在中华数千年文明史中，杭州留下了它深深的印记。史前时期的良渚文化，代表了中华文明起源阶段的最高成就；到了唐代，杭州已发展成为东南名郡；吴越国时，杭州跃升为东南区域中心；南宋以杭州为行在，标志着中国古代经济文化中心的南移。杭州，具备影响中华文明进程的诸多重要条件，拥有代表中华文化的众多经典遗存，保存并活化着中华文化的精神特质和生活方式。古代杭州人，特别是唐宋经济文化大发展时期培育起来的杭州人的集体性格，是了解中华文化传统的一个明亮"窗口"。

亲近山水　讲求品赏

有位外地朋友曾经问我："西湖美是美，但你不能守着它过日子。杭州人天天守着西湖，怎么还那么喜欢？"还有一次，陪农村来的亲戚游西湖，走着走着，亲戚对我说："这有啥子好看的嘛，我们农村也有这些山啊水啊咧。"说者无心，但让我这个久居杭州的外乡人有点蒙，不知如何作答。后来接触了一些史书，才有所悟。

杭州人喜欢西湖，但不止于西湖，而是喜欢游走于山水之间的那种感觉。杭州人欣赏西湖，也不是只觉得西湖美，浙江乃至各地的山山水水，杭州人也去得多赞美得多。追根溯源，杭州人亲近山水的个性由来已久，自古已然。

从唐宋开始，杭州人就有携家带口游湖、登山、观潮的习俗。南宋大诗人陆游在杭州住过一段时间，他有一首描写杭州人游西湖的诗，开篇就说："西湖二月游人稠，鲜车快马巷无留。"农历二月其实已是公历三月了，初春的西湖风光旖旎，携家带口出游的人密密麻麻，好不热闹！豪车快马几乎围堵了西湖周围的所有景点，本来热闹的街巷里弄，反而显得空空荡荡的了。诗的最后两句这样收尾："南山老翁亦出游，百钱自挂竹杖头。"

陆游说，老汉我也压抑不住游兴，抬脚出门，独自一人溜达到湖边，买几杯酒，坐下来边看风景，边独斟独饮，岂不快哉！——一幅古代杭州人西湖春游图，跃然纸上。

明代杭州有位戏剧作家高濂，通过对杭州同乡们四季游玩方式的观察，写了一本《四时幽赏录》，说杭州人在春天时，"孤山月下看梅花，八卦田看菜花，虎跑泉试新茶，保俶塔看晓山，西溪楼啖煨笋，登东城望桑麦，三塔基看春草，初阳台望春树，山满楼观柳，苏堤看桃花，西泠桥玩落花，天然阁上看雨"。到了夏天，杭州人"苏堤看新绿，东郊玩蚕山，三生石谈月，飞来洞避暑，压堤桥夜宿，湖心亭采莼，湖晴观水面流虹，山晚听轻雷断雨，乘露剖莲雪藕，空亭坐月鸣琴，观湖上风雨欲来，步山径野花幽鸟"。此外还有"秋时幽赏""冬时幽赏"的描述，如秋天"满家巷赏桂花，胜果寺月岩望月"、冬天"三茅山顶望江天雪霁，西溪道中玩雪"等。清代杭州藏书家、学者翟灏和翟瀚在《湖山便览》一书中，参考《西湖游览志》和《西湖志》记载的西湖游览景点，已达一千零十六处之多。——看了这些记载，不能不感叹，杭州的前辈们可真会玩！

中国四大民间传说，一个是在天上的"牛郎织女"，一个是在长城边的"孟姜女哭长城"。还有两个，都在杭州西湖的山水之间：一个是"长桥不长情义长"的梁祝十八相送的故事，另一个是"断桥不断寸肠断"白娘子与许仙的传说。西湖山水在杭州人乃至中国人心目中的魅力和影响力，可见一斑。

古代杭州人之所以醉心山水、崇尚自然，至少有两个原因。

一是得益于山川秀美、景观多样的自然条件。杭州湖水、群山与城市紧紧相连，形成"三面云山一面城"的独特景观，而且山不高不低、不远不近，湖不大不小、不深不浅，杭州人把晚上的灯光调得不明不暗，有人说杭州人爱吃米饭，人都不胖不瘦……这折射出的，是杭州山水景观的和谐美。有好山好水，才有条件亲近山水。

二是得益于历代文学、艺术大师们对杭州美景的名篇传世和民间传扬。自古以来，西湖景观一直处在江南乃至中国人审美

图3-1　《长桥卧波图》　〔宋〕佚名　（故宫博物院藏）

体验、审美创作的中心地位。历代文人徜徉于自然天成的美景之中，吟咏西湖山水的诗歌名联和锦绣文章，对杭州人的生活态度起到了极大引领作用。白居易的"日出江花红胜火，春来江水绿如蓝。能不忆江南"，包含着诗人对杭州美景的深深眷恋，这可是他回到洛阳十二年后、高龄六十七岁时写的啊！苏轼的"水光潋滟晴方好，山色空蒙雨亦奇。欲把西湖比西子，淡妆浓抹总相宜"，把西湖阴晴雨雪的景致描写得不仅生动而且深刻，后世再没有人超越过他。杨万里的"毕竟西湖六月中，风光不与四时同。接天莲叶无穷碧，映日荷花别样红"，接天的莲叶，映日的荷花，这是啥形象、啥色彩、啥意境啊！著名词人柳永的《望海潮》"东南形胜，三吴都会，钱塘自古繁华。烟柳画桥，风帘翠幕，参差十万人家。……重湖叠巘清嘉，有三秋桂子，十里荷花……"，把杭州写得不能再美了！除了诗人词人的贡献，南宋画院涵盖春夏秋冬、晨昏晴雨的题名山水画"西湖十景"和后世衍生出来的元代"钱塘十景"、清代"西湖十八景"等等，这种"题名山水画"的形式，一直影响到日本、朝鲜等国，当然更会影响到杭州人，都对人们了解西湖和欣赏美景产生了极大影响。

亲近山水，很多人容易看成就是个"喜欢玩儿"，乍看去是这样，稍微深究一下，其中还有很多"意味"。标志着杭州人精神特质之一的"亲近山水，讲求品赏"，其实对杭州人的生活方式和思想感情影响很大——

在日常生活上，杭州人的饮食比较清淡，讲究食材的自然原味，习惯凉拌、清蒸、清炒的烹调方式，喜好时鲜、爽口的健康口味；杭州的茶室大都建在山地茶园之中，茶与景、与人、与天地、与云雾、与竹石、与花木融为一体。

在生产实践中，杭州人珍惜自然，关爱生灵，与自然界各种生物和谐相处。杭州是蚕桑丝织生产的发祥地，古代杭州人创造的"蚕娘""蚕宝宝""看蚕"等亲昵称谓，体现着对蚕桑农事无微不至的呵护心态；古代杭州人有过年"封井"的习俗，认为水井汨汨流淌一年需要休息，用红纸条交叉贴在井栏上停用几天，也表达出杭州人对自然生态的珍爱敬畏之心。

在艺术创作上，古代杭州的诗词和绘画，以山水、田园为主要表现和创作对象。以模山范水为主要内容的山水诗画和山水文学，是中国艺术史上的高峰。其中，南宋院体山水画和题名山水画，以及白居易、苏轼、柳永等创造的中国山水诗词特别是"西湖诗词"的艺术境界，不仅对中国绘画和文学的后世发展影响巨大，而且在日本、韩国及东南亚一些地区产生了较大影响。

崇文温厚　刚毅自强

上海的《新民周刊》曾报道：一位外地的旅游客车司机驶入杭州市区后，在十字路口停车向交警问路。不料一位乘客因晕车向窗外呕吐，呕吐物又恰恰喷在交警脸上。吓得魂飞魄散的司机原以为闯了大祸，谁知这位交警不紧不慢地拿出餐巾纸递给呕吐的乘客，又递上一瓶水让乘客漱口，再为司机指路，并关照司机去附近的医院怎么走，如果乘客不适可以去就诊。这位司机后来投书媒体说：我当时的感觉就是想跪下来给这位交警磕三个头……

其实，这不是那位司机"运气"，杭州交警支队有个规定，遇到外地司机违章，一般不扣证，纠正违章行为并告知怎样走即可。这也不是交警支队特别文明，和柔美西湖几乎齐名的杭州"最美现象"，是这种文明的社会背景：徒手接住坠落孩子的"最美妈妈"吴菊萍，被异物击穿腹部仍忍住剧痛换挡刹车、开启双闪、向乘客做出最后交代的"最美司机"吴斌，飞身从五米坝上跳下救出溺水女童的"最美爸爸"黄小荣……

杭州人自古崇文温厚。山川秀美，可以愉悦性情；物阜民丰，方便援手助人；开放环境，教人和谐交往；古风传扬，形成仁义民风。从吴越国保境安民、弭兵求和，到南宋王朝重文轻武、文化繁盛，杭州人长期在一种生活安定、衣食富足、交往频繁、行事从容的环境熏陶下，养成了做人温和谦让、做事和合有序的历史性格——

白苏二公从杭州离任时，百姓自发含泪送别，"乌台诗案"后民众又到寺庙做道场为苏轼祈福消灾；杭州以"白堤""苏堤""杨公堤""阮公墩"的命名，永世纪念领导百姓疏浚西湖的父母官；浙江按察使周新不畏强梁为百姓惩治贪官、救灾免税，后遭人陷害被冤杀，浙杭绅民立碑、立祠、修庙纪念他，今天吴山城隍庙里供奉的，就是"城隍之神"周新；清代杭城活跃着二十多家慈善组织和数不清的分支、站点，善举包括免费提供养老、上学、摆渡、施粥、殓尸、救火、无息贷款、乞丐栖息等；胡雪岩为平反杨乃武与小白菜冤案和购回流失日本的中国文物，东奔西走，仗义疏财；晚清丁氏兄弟以家业支撑造桥、修路、赈灾和抢救《四库全书》，做了大量义举善事……

杭州人的仁义，是在相对安定的和平环境、比较公平的商业环境、较为清明的政商环境，以及崇文重道的人文环境下，逐渐生成的。离开了这些综合条件，这种文明素养不会产生，产生了也难以持久，会被武力挟持者、逞强好胜人讥笑，会变成"秀才遇到兵，有理说不清""老实人吃亏"的根源。

老话说："能看到多远的过去，就能看到多远的未来。"了解和关注杭州人从唐宋以来形成的精神特质，对思考杭州人今后的路很有意义。杭州人很珍惜这种"古已有之"的仁义精神。杭州连续多年评选道德模范（平民英雄）和"最美杭州人"，各家媒体推出"寻找最美杭州人"的专题栏目；社会各界有钱出钱有力出力，在杭城建成三千多个"爱心驿站"，供交通警察、环卫工人、拾荒者在里面休息喝茶；留澳学生董思群银行卡里多出二十万澳元马上联系银行归还，让这位杭州姑娘登上了澳洲当地媒体头条，被南澳教育推广署授予"南澳留学大使"；杭州女医生朱蔚在德国公交车上遇乘客发病，当即跪地施救，让中国人在国外以天使的形象被传为美谈。

杭州的美，是湖山之美，也是杭州人之美。

有的人看到杭州人比较温和，做事细致，又看到杭州山川秀美，风光旖旎，就把杭州说成是个"女性化"的城市。这多少有点表面化了。

古代杭州人对人不温不火，善于妥协，但做起事情来，又是风风火火、利索干练的。这一方面，是因为历朝历代治理钱塘江、疏浚西湖以及和大自然搏击抗争，培养了杭州人的果敢与勇气；另一方面，吴越国、南宋两个政治中心地位的影响，使杭州人做事做人的自信有了很大提升；此外，多次人口大迁移带来的北方人的尚武之气，也给本来富庶自信的杭州人性格带来了深刻影响。

历史上江南一带有"苏空头、杭铁头、扬虚子"的民谚，这个"杭铁头"，是对杭州人性格特征的一种描述。

杭州很多名菜名点体现了杭州人的这种精神特质。比如"葱包桧儿"这个点心，体现的就是宋代杭州人爱憎分明的"杭铁头"精神。相传岳飞被杀害于杭州风波亭后，南宋一位点心师傅气愤至极，用面粉搓捏成两个象征秦桧夫妻的面人，把它们扭在一起，丢进油锅中炸，以解心中之恨，并称其为"油炸桧儿"。一时间，市民争相购买，恨不得一口吞下"油炸桧儿"。这一方式很快被各地仿效。

　　宋朝有位狂放诗人潘阆，死后葬在杭州。他在一首《酒泉子》词里，描写了杭州人在钱塘江边的飒爽英姿，其中传世名句"弄潮儿向涛头立，手把红旗旗不湿"常被后人引用，这是何等高明的弄潮身手，是一种什么样的果敢精神！历史文献记载：武

图3-2　《西湖春晓图》　〔宋〕佚名　（故宫博物院藏）

松本是北宋末年杭州涌金门外武功高超的街头艺人，因不畏权贵、为民除害被官兵逮捕死于狱中，杭州百姓集资修墓将其葬于涌金门外，后被文学作品塑造为替兄报仇、浑身是胆的打虎英雄，家喻户晓。岳飞、张苍水等英雄就义后，尸骨都是在杭民众冒着杀头危险收殓和掩埋的；当年伍子胥逃出昭关翻山越岭来到杭州建德，也是大畈村村民冒死相救、提供饭菜和帮助藏身……

从治国伟业来看，杭州有"三分天下"的东吴大帝孙权，有挽狂澜于既倒的明朝大英雄于谦，有纵横朝鲜战场横扫日本武士的一代儒将宋应昌，有在辛亥革命中攻打南京时任敢死队队长、在秘密试制炸药时不幸爆炸牺牲、孙中山亲送灵柩到钱塘江边的萧山人汪珪……这可都是出生于美丽杭州的好男儿啊！

就刚直不阿而言，古代杭州有力排众议、历时五年说服明廷开始史上最大规模西湖疏浚工程的杭州知州杨孟瑛，有上奏皇上要求满汉平等被革职回杭仍拒不"认错"的杭世骏，有上奏皇上替文人说情终于使浙江乡试恢复的浙江巡抚李卫，这都是坚守信仰不怕个人风险的大丈夫。

从科技创新来说，北宋发明家毕昇反复试验，改进雕版，制成胶泥活字，完成了印刷史上重大革命；钱塘人钱乙自己钻研、化裁古方，成为中国"儿科鼻祖"；南宋太史局杨忠辅两次被罢，坚持对《统天历》做出多项改革，其成果被元代郭守敬继承；明代仁和人吴敬用十余年时间完成《九章算法比类大全》十卷，对后世数学产生重大影响；明代萧山人单俊良深感龙骨水车灌田辛苦，发明畜力替代人力水车，被朝廷诏令"天下法之"；

清初仁和人戴梓发明能连射击二十八发的"连珠火铳"和"子母炮"……这些锐意进取的科技创新，无不造福后代、令人感佩。

从文化艺术的发轫和创新看，从八千年前跨湖桥的彩陶和黑光陶工艺，到五千年前良渚古城史前玉器上的神人兽面纹饰，再到一千年前南宋的题名山水画"西湖十景"，直至一百年前融书法与篆刻艺术于一炉成就"天下第一名社"的西泠印社，都凝结着杭州人不畏艰难、追求完美的生活品位。

由于古代典籍记录的主要是帝王将相、才子佳人的历史，杭州普通百姓在工艺、服饰、刺绣、瓷器、建筑、雕刻、绘画等多方面的贡献，历史文献里留名的不多，但流传下来至今在国内外影响深远的那些实物性稀世珍品，依然尽显古代杭州劳动人民勤于劳作、善于创新的伟大精神。

杭州人既"崇文温厚"又"刚毅自强"的两极性格，成就了一批又一批流芳百世的文臣武将、商界精英和科技英豪。天下湖山千千万，西湖非常奇怪：贤人、美人都喜欢生活在这里，英雄也喜欢，哪怕为国捐躯后也常常是"青山有幸埋忠骨"——岳飞、于谦、张苍水就义后，都埋在了西湖的群山之间，史称"西湖三杰"。

精致和谐　大气开放

　　杭州自古以来地域不大，山水穿插，加上历史上经历了"永嘉之乱，衣冠南渡""安史之乱，流民南移"特别是"靖康之变，宋廷南迁"三次北方人口的大迁移，使得古代杭州人口众多、资源短缺的矛盾更加突出。杭州人在长期的农耕桑织和商业活动中，在人稠地狭、资源短缺的条件下，养成了精耕细作、精雕细琢、精益求精、追求完美的生产和生活习惯。

　　这种精神特质，从杭州人创制的历代工艺品中，可以折射出来。纹饰疏朗、晶莹剔透的"良渚玉器"，釉色取胜、纹片著称的"官窑瓷器"，校勘精细、刻印均佳的"官刻""家刻"和"坊刻"，丝滑柔顺、色泽光艳的"杭州丝绸"，针法考究、品种繁多的"杭绣"，淡竹作骨、丝绸张面的"西湖绸伞"，技艺精湛、装饰优美的"王星记扇子"，镶钢均匀、磨工精细的"张小泉剪刀"，香气清新高扬、滋味鲜爽甘醇的"西湖龙井"，以及余杭由拳村的藤纸、富阳的小井纸和赤亭纸、余杭瓷窑生产的"浙瓷"、淳安王阜乡的"麻绣"等等，这些从远古到近代杭州人手中诞生的工艺风物，展示的是人间精工细作，享誉的是杭州传世精品，透出来的是杭州人做事认真、追求完美的劳作态度。

就像崇文温厚不容易，但同时还能刚毅自强就有了一种强大张力一样，精致和谐当然重要，但同时还能大气开放，这又是杭州人精神特质中的一个鲜明特点。

历史已经过去，但留存下来的一些东西，可以让我们认识那个南北文化大交融的时代。杭州城里不仅有南方稻米做成的米饭，馒头、包子、面条、饺子之类的北方面食也应有尽有。

图3-3 《江亭揽胜图》 〔宋〕朱惟德 （辽宁省博物馆藏）

杭州方言里夹杂了北方语汇，甚至把北方儿化音夸张到了单独成一个音节的地步，如把小凳子说成"凳儿"，把小盆子说成"盆儿"。很夸张的是，儿化音后的词，有时候意思完全变了，比如"头"指的是肩膀上扛着的脑袋，儿化音后的"头儿"一词，则转变为指上司、领导了。杭州话竟把这种细致的区别也一五一十地学了过来。当然，这种情况在杭州地区的周边城市没有出现，仅仅表现在杭州城区内，成为一种语言"孤岛现象"。

唐宋时期，在杭州钱塘江口，日本、高丽、大食（阿拉伯）、波斯等国的船舶已经往来频繁，商贸往来非常繁盛。那些频繁来往的客商、游人和名流等，带来了各种新鲜信息和舶来物品，天外还有高天、善待远方客人的观念和习俗，在杭州经年累月的生活中，逐渐养成。为了吸引外商，南宋政府在杭州建设了大量官驿（官府开办的宾馆客栈）和贸易仓库，如怀远驿、仁和馆、邮亭驿等，给外商提供生活上的方便；为了加强管理，宋朝先后在广州、杭州、明州（宁波）、泉州、密州（胶州）等地建立了对外贸易的常设机构市舶司（南宋京城临安的市舶司设立在城北余杭门附近），通过市舶司对海外贸易进行直接控制；外商到达杭州时，市舶司以"妓、乐"（提供专业表演的音乐舞蹈）为他们接风洗尘，并准许他们坐轿乘马，主要官员还出面亲切会见；外商失踪或死亡的，中央政府责令市舶司官员清点保管财物，等待家属前来认领；像中国商人在外国有类似"唐人街"的地盘一样，外商常年在杭州居住的地方叫作"蕃坊"（穆斯林侨民居住区），从中亚来的回教徒以及叙利亚人、波斯人、阿拉伯人中的富商大款，在凤凰山附近都拥有豪宅。

杭州自古以来，接纳过马可·波罗、鄂多立克、马黎诺里、金尼阁、卫匡国（墓地在杭州西溪路老东岳）等欧洲著名旅行家和学者，以及开山俊芿、圆尔辨圆、南浦昭明等日本和高丽僧人。杭州灵隐寺是东晋年间西域印度僧人慧理创建，凤凰寺由伊斯兰教徒阿老丁在元代重建，径山寺是日本茶道的起源地……古代杭州，先后走出了谢国明、戴曼公、陈元斌、林净因等一大批漂洋过海在东南亚传播中国经济文化的使者。

　　这里的"大气开放"，不是简单只从饮食、语言、贸易角度看的，也并不是指开朗豪爽、出手大方的寻常意义，而是就对外来文化的接受消化能力、对不同人群和事物的包容理解习惯而言的。杭州人自古以来受到吴越文化、南宋文化和北方移民文化浸润，特别是唐宋以后各地商人、各大商帮在杭州的聚集和活动，给杭州商业文明和都市文化发展提供了丰富营养，使杭州人对各种外来经济文化现象见多不怪，逐步形成了一种特有的思维方式和性格特征：杭州人既留恋杭州的好山好水，又能用一种相对超脱的眼光，关注、包容和迎接家乡之外的社会万象，山外有山，天外有天，杭州人不排外，对外来文化有一种包容和领略的兴致。

敬上接下　古道热肠

在杭州历史典籍中徜徉，时时会有另外一些"上下关系"的发现——杭州先人们习惯以仁义善待他人，见贤达心生敬意，遇人有难出手相帮。在古代杭州，这方面有很多典籍记载和民间传说。

说说吴越王钱镠吧。当时在西湖边打鱼为生的渔民，每天都要向官府上缴鲜鱼。可靠天吃饭的渔民，不是总有渔获。若捕鱼不多还得去市场上购买鲜鱼上缴，百姓自有怨言。一天，钱镠邀部下罗隐观赏一幅《磻溪垂钓图》，并让其配诗。罗隐题道："吕望当年展庙谟，直钩钓国更谁知。若教生在西湖上，也是须供使宅鱼。"这是在借题发挥，说如果姜太公生在今日西湖旁，哪会怡然垂钓呀，他也得去忙着上缴鲜鱼呢！钱镠震惊之余，没怪罪罗隐，还下令取消了每天缴纳鲜鱼的规定。

长庆二年（822）白居易到杭州任刺史后，常邀文人诗僧品茗吟咏。一次他备下素斋，邀约韬光禅师，并按僧人习俗，以礼赋诗道："白屋炊香饭，荤膻不入家。滤泉澄葛粉，洗手摘藤花。"不料韬光禅师不领情，回诗婉辞："山僧野性好林泉，每向岩阿倚石眠。不解栽松陪玉勒，唯能引水种金莲。"说自己是沉溺于田园的山野之僧，喜欢随心所至枕石而眠，不懂红尘俗事，不谙官场规矩，唯一特长是在韬光寺里培育金色莲花。白刺史阅后倒也大度，反求诸己，亲自登临灵隐山拜访韬光禅师，二人相谈甚欢。此后，白刺史多次光顾寺内，与韬光禅师汲水烹茗，吟诗论文，参禅悟道。杭州韬光寺内的烹茗井，相传就是当年白居易的烹茗处。

这种"对上"不卑不亢的风格，在遇到"父母官"的善举良政时，杭州人又会将其理性转变为遵从上命、感恩怀德。唐朝白居易、宋朝苏东坡、明朝杨孟瑛三位古代杭州官员，都领导市民疏浚西湖，为民造福，做了很多善事。杭州百姓就以"白堤""苏堤""杨公堤"的命名，永世纪念三位父母官；白居易、苏东坡离任时，杭州百姓自发含泪相送，"乌台诗案"后苏东坡惹上官司，杭州百姓到寺庙做道场为他祈福消灾；浙江按察使周新不畏强梁为浙杭民众惩治贪官、救灾免税，后遭人陷害被冤杀，浙杭绅民纷纷立碑、立祠、修庙纪念这位好官，今天吴山城隍庙里供奉的就是"城隍之神"周新。

除了"敬上"，古代杭州人还"接下"，普遍有一种仁爱、慈善之心。如今中央把浙江作为"共同富裕"的示范区，提出了"第三次分配"的概念。什么是第三次分配？第三次分配是相对于初次分配、再分配而言的一个概念。初次分配是指通过向市场提供生产要素所取得的工资、劳务和股权等收入。再分配是指政府通过税收或扶贫政策进行的分配调节。初次分配和再分配不能完全解决贫富差距问题。第三次分配是指人们相互之间的捐赠和转移收入，比如对公益事业的捐献和各类慈善行为等——

图3-4　《西湖柳艇图》　〔宋〕夏圭　（台北"故宫博物院"藏）

而杭州从南宋起，就有都市慈善传统了。

南宋时杭州就有了官办的慈善机构和民间慈善行为。官办机构有养济院、漏泽园、慈幼局和施药局等；民间则有郑氏义庄。南宋时郑兴裔为收置因北宋灭亡逃到临安无家可归的饥民，在笕桥购买六百余亩地辟为郑氏义庄，安顿流民和周济贫民。他见北方人吃不惯稻米，便在义庄尝试种植大麦、小麦、蔬茹等，义庄改称"麦庄"（如今杭州麦庄庙、麦庄桥的地名还在），后成为南宋时期全国最大的义庄。

宋朝时在日本博多（在今福冈）有个杭州巨商叫谢国明，他把杭州人这种善举带到了日本，灾年开仓赈济饥民，开设安济坊发放防疫药品，为当地百姓针灸治疗疾病等，很多人因为他的资助度过了灾年。谢国明在日本以八十八岁高龄去世后，他的墓地上有一棵楠树慢慢长大围住了他的墓地。当地日本人为了纪念这位大善人，把他称作"大楠菩萨"。每年 8 月 21 日，在福冈博多区举行"大楠菩萨"祭奠活动，感谢这位恩人，已经延续了七百多年。

到了明清，杭州慈善机构已有官办与民办之分，或者说有了官督民办的慈善机构。清朝杭州有一个大慈善家叫丁丙，他十一岁那年，杭州竹竿巷大火"延烧民居千余家，两昼夜始熄"。丁丙的父亲倡议箔业同行为灾民捐款。丁丙十八岁时，浙西发生水灾，杭城一下涌来很多难民，丁丙的父亲开设粥厂赈济灾民，丁申、丁丙兄弟二人通宵不眠，煮粥赈灾。兄弟二人成年后，杭州城的公益活动中，常常有丁氏兄弟的身影。丁丙通过经商积累资本推动出版印刷业发展，成为当时中国最大的民间出版家之一。他一边从事文化教育事业，一边开展慈善事业。他的藏书楼面向各地学子开放。

左宗棠收复杭州后，请丁丙牵头重组杭州慈善机构。他和杭州一批绅士组建了功能齐全的"杭州善举联合体"，以普济堂、同善堂、育婴堂为主体架构，经营管理二十余个机构。善款大部分来自行业行会，比如盐行、米行、木材行、绸缎行、典当行等十几种行当；另一部分重要收入是行政征收，政府规定征收厘金（商业税）时加征百分之十的税金，专门用于善举。由于善款还是不够，当"总董"的丁丙心力交瘁，期满请求退下来，结果没人愿意接替，他只好咬牙一干就是十五年，做了很多大善事。比如修复钱塘县学、仁和县学、紫阳书院、诂经精舍等书院，免费接收或资助贫寒家庭子弟入学。

"上下关系"，永远是相互的。

杭州传统文化中的"敬上"，是在长期官民合作、政商和谐人文环境下逐渐养成的，是建立在对相对亲民和做事认真的"上级"的认同、服膺和真诚信赖基础上的。李泌李刺史开凿六井、吴越王修筑海塘、南宋朝廷指令抚恤流民，地方官也纷纷赈济灾民，提供临时住宿、救济金，免税收、免房租——"君仁臣忠"互相作用，造就了古代杭州人上下同心、其利断金的和谐局面。换种说法，"上级"礼贤下士，虚心纳谏，才有"后话"。钱镠能虚怀若谷，对罗隐的直言不怒不愠，从谏如流，罗隐才愿意成为他的幕僚和净友，才会提出"薄赋敛，省徭役，损一人之爱好，益万人之性命"的谏言，钱镠才有认真听取、鼓励农桑、发展生产、保境安民的卓越政绩。白刺史有云水情怀，才留下他担心鸟巢禅师住树上危险、禅师反奉劝"太守危险尤甚"的趣闻，才有他治理西湖、疏浚六井、离任时百姓含泪相送的永久佳话。

而古代杭州人的"接下"，更多体现的是对普通人的平等相待，与外来人的平和相处，按照习俗和规矩办事，不因地位、等级、亲疏的差异怠慢或罔顾他人权益。同时对于遇到困难需要帮助的人或事，古代杭州人普遍有一种援手相助的热忱，这也是历史上外来移民很容易在杭州适应生活、打下根基并爱上这里的社会文化背景。

历史是面多棱镜。围着封建王朝这座大厦慢慢绕行，可以看到一些"正面"看不到的东西。中国自秦汉以来的专制社会，相对于西方中世纪的专制政权，有些时候似乎显得相对温和，这是因为：中华文化素有儒家"民本思想"的积淀，钱镠家训中"民为本，社稷次之"的遗训，就是孔孟学说的直接沿袭。历代统治者的重文修史，以及前朝治国理政的经验教训，令帝王们不得不三思。而杭州自古以来形成的精耕细作、精雕细琢、做事细腻、追求完美的城市性格和集体记忆，对朝野、官民的和谐相处，也产生了深远影响。

理性平和　敢作敢当

　　杭州自古以来山川秀美，少有战事，商贸频繁，天人和谐。山水田园引人入胜，免于战乱使人安神；中心城市使人见多识广，商贾云集培育公平环境；衣食丰足有闲玩赏，官民互敬人心温良。这些客观环境和条件，对杭州人理性平和集体性格的形成，产生了综合效应。

　　比如，唐宋以后商业发达的环境，使人们对生意进退、利益消长的市场现象见多不怪；公平交易才能合作，诚信经营才有未来，商业风险和利益分享意识较早得到培养和强化。城内那些频繁来往的客商、游人、名流和外国传教士等，带来了各种新鲜信息和舶来物品，天外还有高天、善待远方客人的观念和习俗逐渐养成。加上自然和地理环境条件造成的崇文温厚、精致和谐的城市性格，古代杭州人对待生产生活中的问题、矛盾和新鲜事物，习惯用比较平和与达观的态度，理性对待，温和处理。得益于自然条件、政治环境、历史机遇和自身努力，古代杭州人是在集山水、劳逸、动静、物我、情法、官民、内外和谐于一身的环境下生产和生活的，这种环境，培育出杭州人理智冷静、遵规守矩、处事平顺、待人平和的思维习惯。

　　崇文温厚，敬上接下，精致和谐，这种性格，其实就是一种理智、冷静、待人平和、处事平顺的思维习惯。待人平和，不走极端，鄙视粗野，温和对待世间的人与事，表现为官民、官商、人与人之间关系比较和谐。对生意进退、利益消长的市场现象，习见不以为非，商业风险和利益分享意识较强。

　　杭州人这种理性平和的思维方式，有两个鲜明特征：

　　一是待人平和。古代杭州人崇尚文雅，鄙视粗野，能够超越一些世俗观念的羁绊，温和对待世间的人与事。对才情女子

图3-5　《西湖纪胜图册·孤山》　〔明〕孙枝　（宁波天一阁藏）

苏小小尊重传颂，让这么一位歌妓的坟茔伴随西湖百世流芳；北宋杭州太守李咨得知隐居孤山的林逋去世，亲自带着门人替这位清高孤傲的隐士守灵七日；杭州人把口味特殊但出身"卑微"的叫花鸡列为杭州名菜，让它登上大雅之堂。

二是做事和顺。古代杭州的官民、官商关系比较平顺，见人有难，能帮则帮；遇到问题，习惯大事化小，小事化了。典籍记载：苏东坡在任时微服私访品尝杭州一种小饼，在和店老板攀谈时，得知小饼还无名称，便建议起名"蓑衣饼"，后成了声名远扬的"酥油饼"。宋代女性地位相对历代较高，女道士曹希蕴、词人李清照、歌姬李师师和临朝称制的皇后刘娥（刘娥还是二婚）等，都体现着宋代女人们的多样选择。北宋女子具有继承遗产的权利，还可以单独立户，嫁人、离婚也比较自由。法律规定：如果丈夫没有能力养活妻儿，女人就有权利提出离婚；丈夫离家三年不归，女人即可自行改嫁。

由资源匮乏到物产丰盈，从"楼观沧海日"的山中小县到"东南第一州"的通都大邑，从默默无闻的边缘小镇到名人荟萃、美名传扬的文化名城，古代杭州人在与自然灾害、人间难题的较量中，不仅磨炼了坚强意志，也留下了许许多多令人动容的故事：当年伍子胥逃出昭关翻山越岭来到杭州建德，是大畈村村民冒死相救、提供饭菜和帮助藏身；岳飞、于谦、张苍水三位忠烈被杀后，也是杭州人挺身冒险把英烈忠骨入殓归葬于西湖群山之中，遂有后世"西湖三杰"。张苍水是浙东义师领袖，兵败后被清军从宁波押解回杭途中，写下了"国破家亡欲何之，西子湖头有我师"大气凛然的诗篇，给柔美的西湖山水注入了英武阳刚之气。南宋抗元英雄陈文龙，曾受权相贾似道多次举荐升为监察御史，但当得知贾似道要在葛岭南坡半闲堂增建府第后，两次上奏制止贾似道的计划；他还上奏皇帝力陈贾似道结党营私的过失，被贾似道贬官罢官；南宋末年被重新起用后，他和文天祥一起抗元守疆，多次率军增援要隘失地；被俘押解北上时一路绝食，途经杭州在岳飞庙祭拜岳飞时，因绝食多日又情绪激动气绝而亡，年仅四十六岁。

　　一般而言，一种文化精神的特质是相对稳定的，与其他文化精神相交时需要多种条件磨合才能相容。杭州传统文化精神的一个鲜明特点，是宽厚辩证，两极相融：崇文温厚却又刚毅自强，精致和谐同时大气开放，敬上接下并且古道热肠（同情弱者、扶危济困），理性平和又敢作敢当——这一系列似乎有些"矛盾"的特质，不仅反映了杭州历史发展过程的艰难曲折，展示了古代杭州人左冲右突、前赴后继的卓越经历，也深刻体现了杭州人在"亲近山水，讲求品赏"的躬身实践和自觉思考中，真正体会到了道法自然、天人合一思想的真谛。这种思维品质蕴含的思想方法和处事定力，既是对杭州一直以来"不温不火"又"风风火火"发展状态的一种注解，对于今天遇到发展中问题和多元文化冲突时，人们整体观察，辩证思考，理性处事，躬身实践，也有着重要的认知价值。

古代杭州人的平民意识

杭州这些年发展很快，各级各类管理者其实很辛苦，也做出了很多实绩，但杭州市民依然很会"提意见"，杭州的领导似乎也"乐在其中"："12345""96666""满意不满意评比""人民建议征集""年度办实事意见征集""政府企业市民媒体互动平台"等市民参与渠道，已坚持二十多年，领全国风气之先。

人的思维方式，受到地理环境影响。杭州三面环山、一水抱城的山光水色，"一山、二塔、三岛、三堤"的湖景布局，以及西湖周围群山层次分明、山形行云流水的景观形态，涵养了杭州人崇尚自然的生活方式。杭州曾是东汉隐士严子陵和北宋"梅妻鹤子"林逋醉心山水、避官修身之处，也是元代画家黄公望、书法家鲜于枢以山水为师、结庐创作的隐居地。历代文人徜徉于自然天成的美景之中，赞颂杭州山水、吟咏田园风光的优美诗文，对杭州人的生活态度起到了极大引领作用。从唐宋年间开始，杭州人就有携家带口或游湖，或采莲，或观潮，或弄潮，或登高，或掘笋的习俗。

山川秀美，鱼米之乡，加上历史形成的杭州人精耕细作、勤勉劳作的民风，以及交通便利、商业繁华的经济环境，使得杭州人活法很多，心态平和，不看人脸色，不勉强自己。

　　今人的很多习惯，多是前人做法的延伸。白居易当年在韬光寺，向韬光禅师咨询在山水间建一座亭子之事，遭到反对，禅师认为亭子太多煞风景。白居易听了觉得有道理，就放弃了建亭的打算，还写了一篇《冷泉亭记》，特意说明杭州从城里到郊区山连山、湖连湖，已经有五座亭子了，后来的郡守虽有想法但加不进新亭子了，只能维护好老亭子，不再造新亭子了。在古代杭州，既有钱镠王修筑海塘、李刺史（李泌）开凿六井、白苏二公疏浚西湖、宋高宗资助宋嫂、南宋朝廷抚恤流民的诸多典籍记载，也有王佐（南宋抗金功臣）在断河头附近修王府妨碍交通遭百姓抱怨，转而缩小建设规模省出材料为民建造石桥等历史故事。官员以民为本，百姓不平则鸣，共同造就了杭

图3-6　《山径春行图》　〔宋〕马远　（台北"故宫博物院"藏）

州自古以来的官民和谐，也培养了杭州人的平民意识。

一些北方人来到西湖边生活，都说到杭州人比较温和，甚至有人说杭州是个女性化的城市。街上难得看到吵架，偶然看到吵架了，吵、吵、吵，吵了半天，就是不动手。好不容易听到一句"老子敲死你！"，等了半天，拳头还没拔出来。这虽然是一种戏谑的说法，但反映的，是杭州人的一种集体性格：温和、理性，冷静，自我控制能力强，不愿意轻易把事情闹大，闹得收不了场。日常平凡小事，反映了杭州人的思维方式和价值取向。

风俗所以风行，常是"好风凭借力"的结果。杭州人的平民意识，生成于湖光山色，得之于富庶江南，承袭于前人风尚，互动于官清民安。

古代杭州人的协调艺术

古代杭州人，长期在一种生活安定、行事从容的环境下，养成了做人温和谦让、做事和合有序、善于调处矛盾的习惯。不喜欢过于强硬、压服的方式，不欣赏特别激烈的处事方法。到了南宋时期，中原文化与江南文化在杭州风云际会，北方人与南方人在都城交往切磋，见多不嗔怪，见多办法多，杭州人的眼界、胸怀和处事方式，有了更大的开放度。

苏东坡到杭州任太守时，有一个故事流传至今。

一次判案。原告吴小乙告状说："我和张二是邻居，借给他十两银子做本钱。讲好不收利息，但我什么时候要用，他就什么时候及时还我。现在我等银子用，他不但不还，还出手打我！"

苏东坡问张二："为什么不还欠款，还要打人？"张二哭丧着脸回答："大人，我是赶时令做小本生意的。借吴小乙的钱，早在立夏前买材料做成纸扇了。没想到今年开春后，天天下雨，天气很冷，做好的扇子卖不出去！这几天又接连阴雨，扇子都长霉点啦。我实在是没有银子还债呀。吴小乙竟然翻脸骂我，我一时上火，打了他一拳。我可不是存心打他呀！"

苏东坡看看张二，再瞅瞅吴小乙，皱皱眉头说道："欠债还钱，天经地义。张二你应该马上还人家的钱。"张二在堂下叫起苦来："大老爷呀，我现在实在是没有银子还债呀！"

苏东坡在堂上踱了几步，又捋捋胡须，眉头舒展了。他对吴小乙说："张二现在的扇子生意不景气，也实在很为难。你看看有没有其他更好的办法？"吴小乙一听，在堂下叫起屈来："大老爷呀，我辛辛苦苦积下那点银子可不容易呀！"

图3-7 《湖山春晓图》 〔宋〕陈清波 （故宫博物院藏）

苏东坡笑了笑，说："你们不用着急。张二，你回家去拿二十把发霉的折扇给我看看，总有办法的。"

张二一听，将信将疑，爬起身来赶回家中，拿来二十把白折扇，交给苏东坡。苏东坡把折扇一把一把打开，摊在案桌上，果然每把都有一些发霉的斑点。

他没作声，让人拿来笔砚。只见苏东坡蘸饱浓墨，把扇子霉点大的地方，画成假山盆景；拣霉点小的地方，画成松竹梅岁寒三友。不一会儿，二十把折扇全画好了。

他拿十把折扇递给吴小乙："你需要的银子就在这十把折扇上了。把它拿到衙门口去喊'苏东坡画的画，一两银子买一把'，马上就能卖掉，借出去的钱不就回来了吗？"他又拿十把折扇给张二，对他说："你也拿到衙门口去卖，卖的银子当本钱，去另找个生意做吧！"

两个人接过扇子，似信非信，走到衙门口去叫卖。没想到，二十把折扇很快一抢而空。两人各自拿着白花花的银子，欢天喜地回家去了。

不想针尖对麦芒，没有硬判谁错谁对，而是另辟蹊径，另想办法，争取更好的结果——这个故事，反映了古代杭州人"做人做事"的一种风格，这种好像"和稀泥"、不冲突的处事方式，一直影响到今天。

杭州背街小巷改造征集民意时，各级干部遇到了很多"麻烦事"。笔者在做旧城改造调研时，听社区干部讲过这么一件事。

凤起路 558 号庭院改善过程中，改善办就两种方案先后召开了四次听证会征求意见。庭院内停放的十九辆汽车成了矛盾焦点。四次协商下来，希望在院内设计停车位的中青年的人数和反对设计停车位而建议改成健身设施的退休老人的人数分别占百分之五十五和百分之四十五，双方势均力敌，谁也说服不了谁。协商一次次陷入僵局。

改善办的干部没有搞机械的"少数服从多数"投票，那样意味着近半数人的意见被否定。他们决定再进行深入调研，请居民们再提建议，希望找到更好的办法。几经协商，一位居民的建议得到了重视——和庭院对面的都锦生丝织有限公司联系，商量签订晚上至次日早晨安排庭院私家车停放的协议，停车人按照小区价格每月缴给厂里停车费。这一方案，让协商不通的僵局"峰回路转"。在第五次小区听证会上，方案获得一致通过——

一方面，老年居民感觉自己的意见得到了尊重，小区里可以装上遛弯健身用的锻炼器械了；另一方面，有车的中青年高兴了，不仅停车位有了保证，还可以停到有保安看管的厂里，过去小区里孩子们打打闹闹划伤车身的情况，这就翻篇儿了；再一方面，一直想买车又不敢买的年轻人高兴了，停车位解决了；对面的企业也乐意呀，错峰停车，多了一笔收入。

这样的例子，其实在杭州社会生活中还有不少。就事论事，可以说杭州人脾气好，脑瓜灵，会想办法。但如果了解了杭州传统历史文化，就会得出更有"深度"的结论：待人温和，善解矛盾，不伤和气，杭州古风已然。

古代杭州人的家国情怀

　　曾有人说，杭州太美，太繁华，太舒适，在这里生活很容易陷入个人生活的小圈子，不能自拔。这种说法，其实是贫困思维限制了对美好生活的理解。自古以来，杭州人会生活，得益于勤努力；而会努力，则包含了在广泛交往、见多识广过程中生成的眼光、胸怀和信仰。

　　杭州人在对待国与家、大与小的问题上，遵循"修身齐家治国平天下"的古训，给后人留下了无数胸怀大志、爱国爱乡的动人故事。南宋年间，杭州县令朱跸亲率军民抗击金军战死前线，宋军败北消息传到杭城，城中军民没有弃城而逃，两名尉曹（低级军官）金胜、祝威挺身而出，组织人马在城北沼泽地编竹覆泥伪装成路，使盔甲沉重的金兵连人带马陷入泥沼之中，金军大骇，急忙退兵。因不满当朝权相秦桧误国偏安，殿前司小校施全在杭州众安桥挥刀行刺秦桧，被抓后磔死于市。白居易推动杭州疏浚西湖、修堤蓄水、沟通六井、引湖入城，临走时还写下一篇《钱塘湖石记》，刻石勒碑于湖岸，详细记录了治理西湖的方法，以让后世地方官知晓，拳拳之心，殷殷可鉴。苏东坡除了治理西湖、疏浚六井、救济灾民、开浚茅山和盐桥二河以通江湖、筹资设立"安乐坊"为穷人免费提供医疗及粥饭等外,还满怀深情地留下三百多首有关杭州的诗,其中吟咏西湖的诗歌就有一百六十首之多,他"我本无家更安住,故乡无此好湖山"和"居杭积五岁,自意本杭人"的诗句,把家乡情怀和履职之城以及祖国山河融为一体,体现了一种超越小我的家国情怀。

图3-8 《风檐展卷》 〔宋〕赵伯骕 (台北"故宫博物院"藏)

杭州人爱西湖山水自古已然，而杭州人对家乡的眷恋，有几个特征。

一是"主体"包含了太多在此地生活过的外乡人。不管是白居易"一半勾留是此湖"的吟咏，还是苏东坡"居杭积五岁，自意本杭人"的回味，或是康有为"梦入西湖数六桥"的感怀，反映的都是曾经在杭居住生活的外乡人对此地的真情爱恋。这也是古往今来所有到此谋生的"新杭州人"，很容易找到家的感觉的历史文化渊源。

二是"对象"往往和家国情怀相连。曾经的小县风情、王国气势、帝都风光和外族侵扰，使得历代杭州人深知家与国的血脉关联。邓牧（元代钱塘人）在宋亡后终身"不仕""不娶"、抨击暴君酷吏、同情劳苦大众的思想，成为明末清初启蒙思想家黄宗羲民主思想的重要渊源之一；龚自珍（清代仁和人）主张革除弊政、呼唤"九州生气恃风雷"、抵御外敌侵略、支持禁除鸦片的行为，被柳亚子誉为"三百年来第一流"……杭州这些年在承担国家各种各样创新性实验区任务上，在举办 G20 杭州峰会和亚运会等国际性会议赛事上，以及在袁立、茹萍、胡兵、叶诗文、罗雪娟等文体名将身上所表现出来的为家乡和国家争光的努力和成就，都可以从杭州人的历史基因中找到答案。

三是"眼光"不局限于小天小地。明代仁和人杨廷筠、李之藻是中国西学东渐中天主教的三大柱石之二；明末仁和人戴曼公把中国佛学、儒学和医学传授给日本并在日行医济世，被奉为神医；明清之际余杭人陈元赟在日传授诗文、书法、制陶、拳术，对中日文化交流做出卓越贡献……沧海桑田事，南来北往人，造就了杭州人热爱家乡但心有远方的情怀。杭州目前拥有两个国家级风景名胜区、两个国家级自然保护区、七个国家森林公园、二十五个全国重点文物保护单位、九个国家级博物馆、五个国家级开发区……

图书在版编目（CIP）数据

往事光影 / 安蓉泉著 . — 杭州 : 浙江工商大学出
版社 , 2023.3
（宋韵文化丛书 / 胡坚主编）
ISBN 978-7-5178-5406-7

Ⅰ . ①往… Ⅱ . ①安… Ⅲ . ①思想史—研究—中国—
宋代 Ⅳ . ① B244.05

中国版本图书馆 CIP 数据核字（2023）第 037443 号

往事光影
WANGSHI GUANGYING

安蓉泉 著

出 品 人	鲍观明
策划编辑	沈　娴
责任编辑	刘　颖
责任校对	何小玲
封面设计	观止堂_未氓
责任印制	包建辉
出版发行	浙江工商大学出版社
	（杭州市教工路 198 号　邮政编码 310012）
	（E-mail：zjgsupress@163.com）
	（网址：http://www.zjgsupress.com）
	电话：0571-88904980，88831806（传真）
排　　版	浙江时代出版服务有限公司
印　　刷	浙江海虹彩色印务有限公司
开　　本	880 mm×1230 mm　1/32
印　　张	7.375
字　　数	157 千
版 印 次	2023 年 3 月第 1 版　2023 年 3 月第 1 次印刷
书　　号	ISBN 978-7-5178-5406-7
定　　价	78.00 元